사회평론

글 사회평론 과학교육연구소
대학에서 오랫동안 과학을 연구한 전문가들이 모여, 우리 아이들이 쉽고 재미있게 공부할 수 있는 책을 만들고 있습니다.

글 설정민 (사회평론 과학교육연구소 연구원)
서울대학교 생물학과를 졸업하고 같은 대학교 대학원에서 석사 학위를 받은 뒤 박사 과정을 수료하였습니다. 아이에게 과학을 쉽고 재미있게 얘기해 주려 노력하다 보니 어린이를 위한 책을 만드는 일에도 관심을 가지게 되었습니다. 현재 사회평론 과학교육연구소 연구원으로 과학책을 만들고 있습니다.

글 김형진 (사회평론 과학교육연구소 연구원)
연세대학교 천문대기과학과를 졸업하고 같은 대학교 대학원에서 석사, 박사 학위를 받았습니다. 과학자를 꿈꾸는 아이들에게 올바른 과학 개념과 과학적 태도를 함께 키울 수 있는 방법을 전달하기 위해 노력하고 있습니다. 현재 사회평론 과학교육연구소 연구원으로 과학책을 만들고 있습니다.

글 이명화 (사회평론 과학교육연구소 연구원)
서울대학교 물리교육과를 졸업하고 같은 대학교 대학원에서 석사, 박사 학위를 받았습니다. 10여 년간 중학교에서 과학을 가르쳤으며, 미국 아리조나 주립대에서 물리학으로 박사 학위를 받고 독일, 미국, 영국에서 연구원으로 근무하였습니다. 쉽고 재미있는 과학책을 쓰는 일에 관심을 갖고 있으며, 현재 사회평론 과학교육연구소 연구원으로 과학책을 만들고 있습니다.

그림 조현상 (매드푸딩스튜디오)
미국 필라델피아에서 U-Arts를 졸업했습니다. 한국과 미국에서 동화, 일러스트레이션, 만화 등 다양한 작업을 하고 있습니다.
mad-pudding.com | instagram.com/madpuddingstudio

그림 뭉선생
2004년 LG 동아 국제만화 공모전에 입상하며 작품 활동을 시작했습니다. 그린 책으로 《조지의 우주를 여는 비밀 열쇠》 시리즈, 《용선생 만화 한국사》 시리즈, 《용선생 처음 한국사》 시리즈, 《용선생 처음 세계사》 시리즈 등이 있습니다.

그림 윤효식
2002년 《소년 챔프》에 〈신검〉으로 데뷔하여 어린이에게 유익한 학습 만화를 그리고 있습니다. 그린 책으로 《마법천자문 사회원정대》 시리즈, 《용선생 만화 한국사》 시리즈, 《용선생 처음 한국사》 시리즈, 《용선생 처음 세계사》 시리즈 등이 있습니다.

감수 박재근
서울대학교 생물교육과를 졸업하고 같은 대학교 대학원에서 과학교육 전공으로 석사, 박사 학위를 받았습니다. 생물교육과 환경교육을 주로 연구하고 있으며, 중학교, 고등학교 교사를 거쳐 현재 경인교육대학교 과학교육과 교수로 재직 중입니다. 2015 개정 교육과정의 중학교 과학교과서, 초등학교 과학교과서를 함께 저술하였습니다.

캐릭터 이우일
홍익대학교에서 시각디자인을 공부한 만화가입니다. 그림책 작가인 아내 선현경, 딸 은서, 고양이 카프카와 함께 그림을 그리고 글을 쓰며 살고 있습니다. 지은 책으로 《우일우화》, 《옥수수빵파랑》, 《좋은 여행》, 《고양이 카프카의 고백》 등이 있고, 그린 책으로 《노빈손》 시리즈, 《용선생의 시끌벅적 한국사》 시리즈, 《교양으로 읽는 용선생 세계사》 시리즈 등이 있습니다.

용선생의 시끌벅적 과학교실

세포

글 사회평론 과학교육연구소 | 그림 조현상·뭉선생·윤효식 | 감수 박재근 | 캐릭터 이우일

공룡 세포와 개미 세포, 무엇이 더 클까?

사회평론

프롤로그

여러분, 안녕? 과학반을 맡은 용선생이야. 내 명성은 익히 들어 봤겠지? 역사반과 세계사반을 모두 훌륭하게 성공시키며 방과 후 교실 최고의 인기 교사가 된 그 용선생이란다. 교장 선생님께서 특별히 부탁하셔서 이번에는 과학반을 맡게 되었어. 어찌나 사정을 하시던지 도무지 거절할 수가 없었지 뭐야. 그래서 이 몸이 깜짝 놀랄 수업을 준비했단다.

우리의 수업은 언제나 질문과 함께 출발해. 세상을 둘러보다가 누군가 "저건 왜 그래요?" 하고 질문하면 바로 그 순간 수업이 시작되는 거지. 이제부터 용선생의 시끌벅적 과학교실을 제대로 즐기는 방법을 하나씩 알려 줄게.

첫째, 과학반 친구들과 함께 호기심을 갖고 질문해 봐. 과학을 어렵게만 생각하지 말고, 매 교시마다 아이들이 어떤 호기심을 가지는지 관심을 가져 봐. 과학반 친구들과 함께 '왜 그럴까?', '어떻게 알아낼 수 있을까?' 고민하다 보면 어렵던 과학도 쉽게 느껴질 거야.

둘째, 어려운 내용은 사진과 그림으로 이해해 봐. 어려운 과학 개념과 원리를 한 장의 사진이나 그림을 통해 단숨에 이해할 수도 있어. 그래서 너희를 위해 사진과 그림을 많이 준비했단다. 글을 읽다가 어렵다 싶으면 옆에 있는 사진과 그림을 봐. 잘 이해되지 않던 내용이 틀림없이 술술 이해될 거야.

셋째, 배운 내용을 되새기며 머릿속에 정리해 봐. 왁자지껄한 수업을 마치고 나면 뭘 배웠는지 정리가 안 될 때도 있을 거야. 그럴 때를 대비해 중간중간 핵심 정리를 준비했어. 또 배운 내용을 4컷 만화로 재미있게 요약해 두었지. 게다가 교시가 끝날 때마다 나선애의 정리노트도 마련했단다. 이 정도면 학습 정리는 문제없겠지?

과학은 분야도 다양하고 배울 내용도 아주 많아. 쉽게 이해할 수 있는 부분도 있지만, 여러 번 곰곰이 생각해 봐야 알 수 있는 부분도 있지. 이 책을 여러 번 다시 읽다 보면 구석구석 빠짐없이 모두 이해될 거야.

자, 이제 용선생의 시끌벅적 과학교실을 제대로 즐길 준비가 됐겠지? 그럼 신나는 수업을 시작해 볼까?

차례 | 세포

1교시 | 세포란?

우리 몸은 무엇으로 이루어져 있을까?

생물을 이루는 조그만 블록은? … 13
세포는 어떻게 생겼을까? … 15
커다란 세포, 길쭉한 세포 … 17

나선애의 정리 노트 … 22
과학퀴즈 달인을 찾아라! … 23
용선생의 과학 카페 … 24
 - 세포를 연구한 과학자들

교과연계
초 6-1 식물의 구조와 기능 | 중 3 생식과 유전

2교시 | 세포의 구조와 기능

세포는 어떤 일을 할까?

세포에서 명령을 내리는 대장은? … 29
세포의 일꾼들은 무얼 할까? … 33
세포를 지키는 경비병 … 37

나선애의 정리 노트 … 40
과학퀴즈 달인을 찾아라! … 41

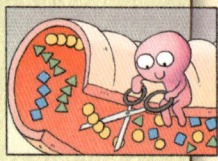

교과연계
초 6-1 식물의 구조와 기능 | 중 3 생식과 유전

3교시 | 단세포 생물

눈에 보이지 않는 작은 생물의 정체는?

세포 하나로 된 생물이 있다고? … 45
또 다른 단세포 생물, 세균 … 49
세균에게 없는 것은 무엇일까? … 52

나선애의 정리 노트 … 56
과학퀴즈 달인을 찾아라! … 57
용선생의 과학 카페 … 58
 - 바이러스, 너의 정체는?

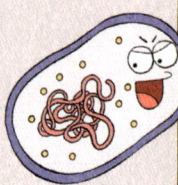

교과연계
초 5-1 다양한 생물과 우리 생활 |
중 1 생물의 다양성

4교시 | 동물 세포와 식물 세포

산호는 식물일까, 동물일까?

식물 세포에만 있는 것은? … 63
동물 세포와 식물 세포 구분하기 … 66
세포는 어떻게 우리 몸이 될까? … 70

나선애의 정리 노트 … 74
과학퀴즈 달인을 찾아라! … 75

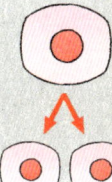

교과연계
초 6-1 식물의 구조와 기능 | 중 2 식물과 에너지
중 2 동물과 에너지

6교시 | 우리 몸의 세포

우리 몸에는 어떤 세포들이 있을까?

산소를 배달하는 세포는? … 97
세포 세상의 악당, 암세포 … 100
암세포를 잡는 몸속 경호원 … 103

나선애의 정리 노트 … 106
과학퀴즈 달인을 찾아라! … 107
용선생의 과학 카페 … 108
 - 70년 넘게 살아온 암세포가 있다고?

교과연계
중 2 동물과 에너지 | 중 3 생식과 유전

5교시 | 세포 분열

세포는 왜 조그마할까?

세포 크기의 비밀을 밝혀라! … 79
세포는 어떻게 많아질까? … 82
새로운 세포를 만들어 내는 세포는? … 85

나선애의 정리 노트 … 90
과학퀴즈 달인을 찾아라! … 91
용선생의 과학 카페 … 92
 - 무엇이든 될 수 있는 만능 줄기세포는?

교과연계
초 6-1 식물의 구조와 기능 | 중 3 생식과 유전

가로세로 퀴즈 … 110
교과서 속으로 … 112

찾아보기 … 114
퀴즈 정답 … 115

등장인물

용쓴다 용써!
용선생

체력 ★★★
지력 ★★★★★
감성 ★★★
호기심 ★★★★★
유머 ★★

열정이 가득한 과학 선생님. 하늘을 향해 거침없이 솟은 머리카락과 뻬죽뻬죽한 수염이 매력 포인트. 생생한 과학 수업을 하기 위해 물불을 가리지 않는다.

장하다 장해!
장하다

체력 ★★★★★
지력 ★
감성 ★★★★
호기심 ★★★★★
유머 ★★★★★

'튼튼하게만 자라 다오.'라는 아버지의 소원대로 튼튼하게 자랐다. 성격은 일등, 성적은 비밀이다. 시험을 못 봐도 씩씩하고 엉뚱한 질문으로 수업에 활력을 준다.

오늘도 나선다!
나선애

체력 ★★★★
지력 ★★★★
감성 ★★★
호기심 ★★★★★
유머 ★★★

과학자를 꿈꾸는 우등생. 공부도 잘하고 아는 게 많아서 모든 일에 앞장서는 타입이다. 겉으로는 차가워 보이지만 내심 따뜻한 면도 가지고 있다. 전혀 티가 안 나서 그렇지.

잘난 척 대장
왕수재

체력 ★★★
지력 ★★★★
감성 ★
호기심 ★★★★★
유머 ★

세상에서 자기가 제일 잘난 줄 안다. '천재는 외로운 법이고 질투의 대상인 법'이라나. 친구들에게 깐족거리는 데에도 천재적이다. 그래도 수업에는 늘 적극적으로 참여한다.

낭만 가득
허영심

체력 ★★★★★
지력 ★★★
감성 ★★★★★
호기심 ★★★★
유머 ★★

감성이 풍부해도 너무 풍부하다. 떨어지는 낙엽이나 밤하늘의 별을 보며 눈물짓고, 조그만 벌레와 대화를 나누는 사차원 성격. 하지만 누구보다 정이 많고 낭만적이다.

과학반 귀염둥이
곽두기

체력 ★★★
지력 ★★★★
감성 ★★★★
호기심 ★★★★★
유머 ★★★★

형과 누나들의 귀여움을 독차지하는 과학반 막내. 나이도 가장 어리고 타고난 동안이라 언뜻 보면 유치원생 같다. 훈장 할아버지 덕에 어려운 단어를 줄줄 꿰고 있다.

우리를 찾아봐!

핵
세포에서 일어나는 일을 지휘하고 명령을 내리는 곳이야.

세포막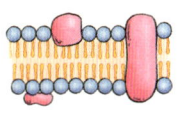
세포 바깥과 경계를 이루고 세포를 보호하는 담장 역할을 하는 곳이야.

미토콘드리아
세포에 필요한 에너지를 만드는 일을 하는 세포 소기관이야.

세균
크기가 매우 작고, 세포 하나로 이루어진 생물이야.

식물 세포
식물을 이루는 세포로, 엽록체, 액포, 세포벽 등으로 이루어져 있어.

면역 세포
몸 밖에서 들어온 세균이나 바이러스에 맞서 싸우는 세포로, 백혈구라고도 불러.

1교시 | 세포란?

우리 몸은 무엇으로 이루어져 있을까?

"두기야, 뭐 속상한 일이라도 있니?"

나선애가 부루퉁한 얼굴로 앉아 있는 곽두기에게 다가와 물었다.

"사촌 동생이 내 악어 블록을 부숴 버렸어. 일주일 동안 조립한 건데 다 쪼개졌다고!"

"저런……. 그래도 블록을 다시 조립해서 만들면 되지."

아이들이 곽두기를 위로하자 왕수재도 한마디 보탰다.

"그러니까. 진짜 악어가 쪼개진 것도 아니잖아."

"야! 진짜 악어를 쪼개면 악어가 죽지! 어휴, 끔찍해."

허영심이 찡그리며 말하자 왕수재가 머쓱한 표정을 지었다. 그때 용선생이 아이들에게 다가오며 말했다.

"그런데 그거 아니? 진짜 악어도 작은 블록으로 이루어져 있다는 거?"

 ## 생물을 이루는 조그만 블록은?

세포

"네? 그럼 수재 말처럼 진짜 악어도 쪼갤 수 있다는 말씀이세요?"

"하하, 그게 아니라 지구에 사는 모든 생물은 작은 블록으로 이루어져 있다는 말이지."

곽두기가 고개를 갸웃하며 물었다.

"무슨 블록이요?"

"바로 '세포'라는 블록이란다."

"그것 봐. 난 역시 천재라니까!"

왕수재가 거들먹거리자 아이들이 또 시작이라는 듯 고개를 절레절레 저었다. 용선생이 칠판에 쓰며 말했다.

"세포는 생물의 몸을 이루는 기본 단위야. 영어로는 cell(셀)인데 이건 작은 방을 뜻해. 세포를 최초로 관찰한 훅이라는 과학자가 cell이라고 이름 붙였지."

장하다의 상식 사전

코르크 나무 겉껍질과 속껍질 사이에 있는 두꺼운 껍질층을 말해. 포도주병의 마개나 핀을 꽂아 쓰는 메모판 등을 만드는 재료로 쓰여.

"훅이란 과학자가 세포를 처음 관찰했다고요?"

"응. 훅은 얇게 저민 코르크 조각을 현미경으로 관찰했단다. 훅이 관찰하고 직접 그린 세포 그림을 함께 볼까?"

용선생은 화면에 그림을 띄웠다.

▲ 코르크 조각

▲ 훅이 1665년에 펴낸 책 《마이크로그라피아》에 실린 코르크 세포 그림

"우아! 꼭 벌집 같아요. 정말 작은 방들이 다닥다닥 붙어 있네요?"

허영심이 말하자 용선생이 고개를 끄덕였다.

"그렇지? 훅도 세포를 관찰하면서 영심이와 같은 생각을 했어. 그래서 이것을 작은 방이라는 뜻의 cell이라고 이름 붙인 거야."

"그래서 세포가 영어로 cell이구나."

"맞아. 훅이 그린 그림에서 작게 나뉜 공간 하나하나가 모두 세포란다."

▲ 로버트 훅 (1635년~1703년) 영국의 과학자야. 용수철과 관련된 물리 법칙인 '훅의 법칙'을 발견하기도 했어.

"생물들이 블록으로 이루어져 있다는 말이 무슨 뜻인지 이제 알았어요!"

핵심정리

생물의 몸을 이루는 기본 단위를 세포라고 해. 세포는 작은 방이라는 뜻이야.

 세포는 어떻게 생겼을까?

"선생님, 그런데 세포가 얼마나 작기에 이름을 작은 방이라고 지은 거예요? 현미경으로 봐야 할 정도면 정말정말 작을 것 같긴 한데……."

"자, 현미경으로 관찰한 세포의 사진을 보렴."

용선생은 화면에 사진을 띄웠다.

양파의 속껍질 세포

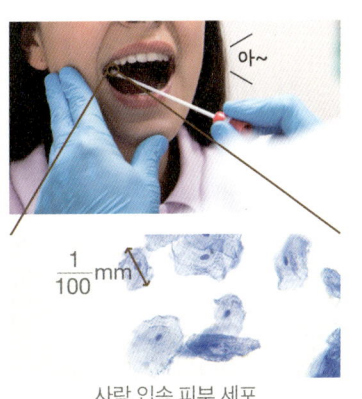
사람 입속 피부 세포

▲ 현미경으로 관찰한 세포

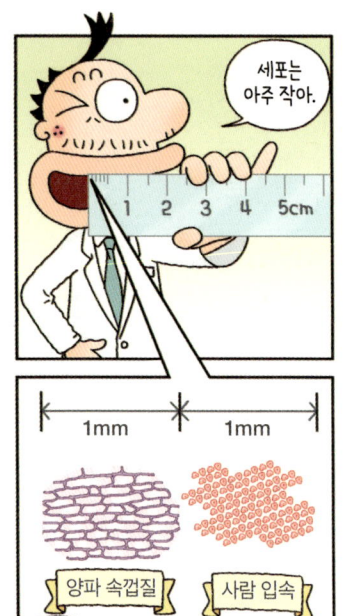

"너희 필통 속에 있는 자를 꺼내 볼래? 거기서 제일 작은 눈금이 1mm(밀리미터)야. 세포는 약 $\frac{1}{1,000} \sim \frac{1}{10}$mm에 해당하는 크기란다."

"헉! 그렇게 작다니!"

현미경 사진을 뚫어져라 보던 왕수재가 물었다.

"근데 세포 가운데에 보이는 동그란 건 뭐예요?"

"오, 잘 봤어. 그건 세포의 핵이야. 세포는 그냥 덩어리가 아니라 핵과 세포질, 세포막으로 이루어져 있거든."

"그 작은 세포 안에 또 뭔가가 있다고요?"

"응. 그것들이 세포를 이루고 있지. 수재가 관찰한 핵은 세포에서 일어나는 모

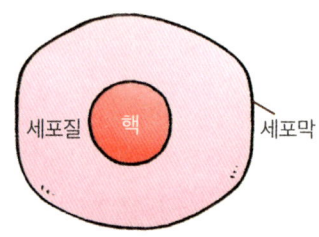

▲ 세포의 구조

든 일을 지휘하고 명령을 내리는 곳이야. 또, 안쪽의 핵과 바깥쪽의 세포막 사이에 있는 부분을 통틀어 세포질이라고 해. 세포질은 핵이 명령한 것을 실행하는 곳이지."

"그럼 세포막은 뭐예요?"

"세포막은 세포를 둘러싸고 안과 밖을 경계 짓는 막이야. 세포막은 세포 안을 보호하고, 세포 안팎으로 물질이 드나들게 해."

허영심이 고개를 끄덕이며 말했다.

"그 작은 방에서도 각자 역할을 나눠서 일을 하네요."

"그럼! 세포를 이루는 부분들이 제 할 일을 잘해야 세포는 물론, 세포로 이루어진 생물도 살아갈 수 있지. 세포는 생명 활동이 일어나는 가장 작은 단위란다. 우리 몸에서 떨어져 나와도 조건만 잘 맞으면 살 수 있어."

"네? 정말요?"

"응. 세포가 살아가는 데 필요한 영양소와 산소를 계속 주기만 하면 어느 정도는 살 수 있지."

"그래서 세포가 생물의 몸을 이루는 기본 단위로군요."

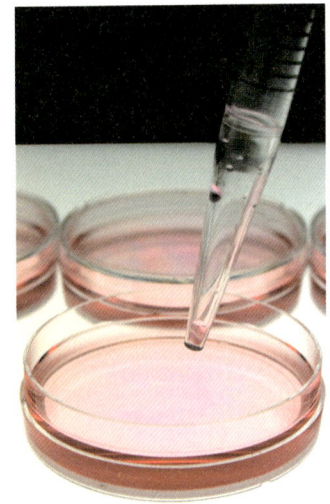
▲ 사람의 몸에서 떼어 낸 세포에 영양소와 산소를 주며 실험하고 있어.

세포의 크기는 $\frac{1}{1,000} \sim \frac{1}{10}$ mm로 매우 작아. 세포는 핵, 세포질, 세포막으로 이루어져 있고, 생명 활동이 일어나는 가장 작은 단위야.

 **커다란 세포, 길쭉한 세포**

"더 신기한 거 알려 줄까? 세포는 아주 작다고 했잖아. 근데 현미경 없이 맨눈으로 볼 수 있는 큰 세포도 있어."

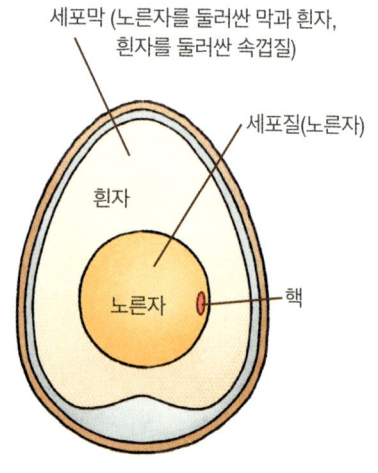

▲ 알 세포의 구조

 용선생의 과학 현미경

수정된 알을 유정란이라고 불러. 우리가 주로 먹는 달걀은 수정되지 않은 알로, 이것을 무정란이라고 부르지.

"그게 뭔데요?"

"너희도 자주 보는 거야. 바로 알이란다."

"알이요? 달걀 같은 거요?"

"맞아. 과학적으로 보면 알은 암컷이 자손을 남기기 위해 만드는 세포야. 달걀은 암탉이 만든 세포지. 달걀은 껍데기로 싸여 있는데, 그 껍데기 안에 있는 것들이 거대한 세포 하나란다."

"우리가 먹는 달걀이 거대한 세포였다니, 정말 충격이다." 곽두기가 손을 들고 물었다.

"선생님, 그럼 달걀 노른자가 핵이에요?"

"그렇게 생각하기 쉽지만 아니란다. 달걀에서 핵은 노른자 안에 있는 아주 작은 부분이야. 눈으로는 잘 볼 수 없지. 핵을 제외한 노른자 부분은 거대한 세포질이야. 노른자를 둘러싼 얇은 막부터 흰자를 포함해 흰자를 둘러싼 속껍질까지는 두터운 세포막이지."

"그럼 암탉이 만든 알 세포가 병아리가 되는 거예요?"

"암컷이 만든 세포가 바로 병아리가 되는 건 아니고, 수컷이 만든 세포와 만난 것만 병아리가 돼. 암컷과 수컷은 각기 자손을 남기기 위해 세포를 만드는데, 이 두 세포가 만나는 것을 '수정'이라고 하지. 수정된 알은 병아리로 자라지만, 수정되지 않은 알은 병아리가 되지 않아."

"아하, 그렇군요."

"아까 사진으로 본 입속 피부 세포에 비하면 달걀의 알 세포는 그 크기가 1,000배가 넘지. 커다란 세포는 알만 있는 게 아니야. 눈으로 볼 수 있는 아주 기다란 세포도 있어. 바로 동물의 신경 세포야."

"신경 세포요?"

"응. 신경 세포는 뇌와 몸의 각 부분이 주고받는 신호를 전달해. 그 덕에 몸에서 느낀 감각이 뇌로 전달되기도 하고, 뇌에서 몸을 움직이라고 내린 명령이 몸으로 전달되기도 하지. 온몸에 뻗어 있는 신경 세포는 이러한 신호를 구석구석까지 잘 전달한단다."

"신경 세포가 온몸에 뻗어 있다고요?"

"그래. 다리에 뻗어 있는 신경 세포는 세포 하나의 길이가 다리 길이만큼 길어. 무려 1m(미터)나 되지."

장하다가 벌떡 일어나 말했다.

"그러면 사람보다 큰 동물은 신경 세포도 더 길어요?"

"맞아! 지구상에서 신경 세포가 가장 긴 동물은 대왕고래야. 대왕고래는 몸길이가 10~30m로, 아주 거대하지."

"우아! 진짜 크다!"

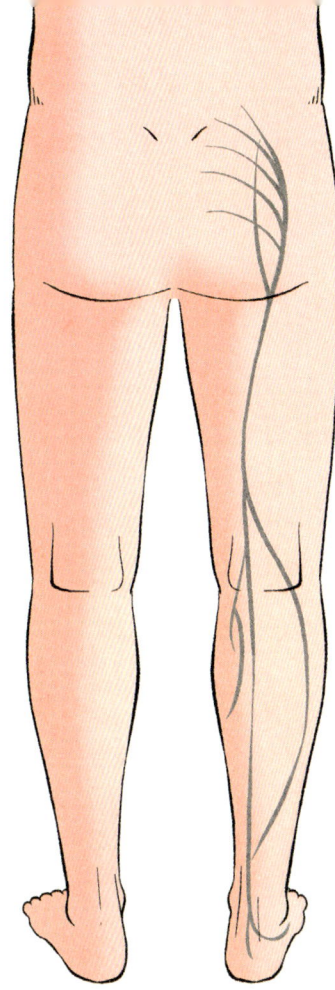

▲ 다리에 뻗어 있는 신경 세포

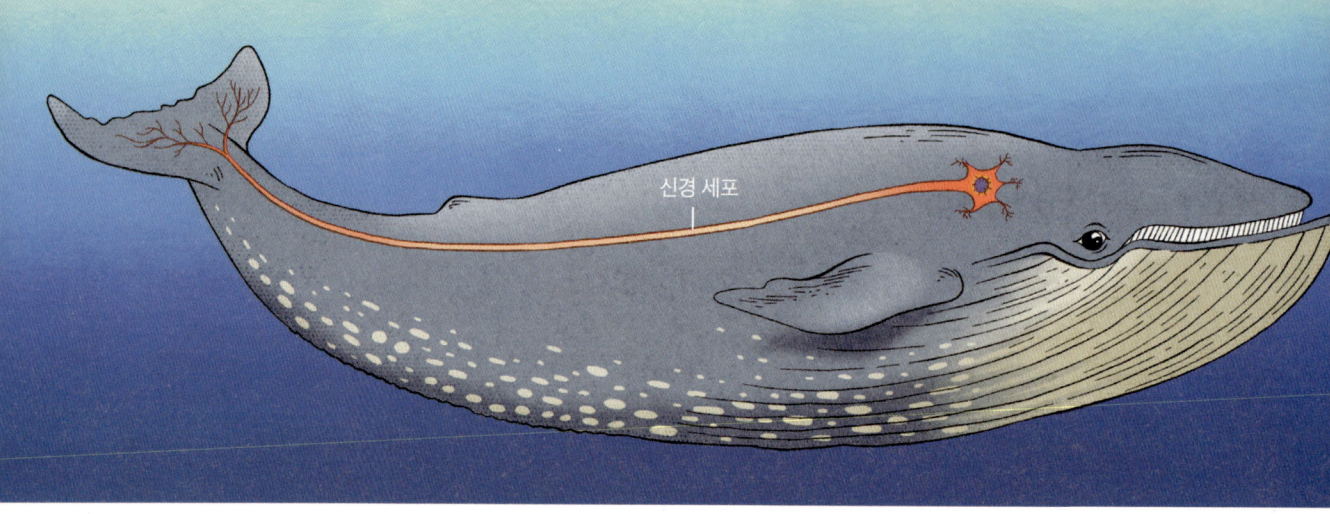

▲ 대왕고래의 신경 세포는 길이가 25m에 달해.

"대왕고래의 신경 세포 중에는 머리에서 꼬리까지 뻗은 것이 있어. 이 신경 세포는 길이가 25m나 돼."

아이들이 입을 쩍 벌리고 놀라는 가운데 나선애가 고개를 갸웃하며 말했다.

"알 세포는 둥글고 신경 세포는 길쭉하네요. 세포 모양이 여러 가지인가 봐요."

"맞아. 하나의 생물체 안에서도 몸의 어느 부분을 이루느냐에 따라 세포의 모양과 크기, 하는 일이 제각기 달라. 이처럼 생물의 몸은 서로 다른 여러 종류의 세포로 이루어져 있어. 하지만 알이나 신경 세포처럼 특이한 경우를 제외하면 대부분의 세포는 크기가 매우 작단다."

그 말을 듣고 곰곰이 생각하던 왕수재가 물었다.

"선생님, 블록을 조립해 악어를 만드는 것처럼 세포들을 모아서 합치면 생물이 되나요?"

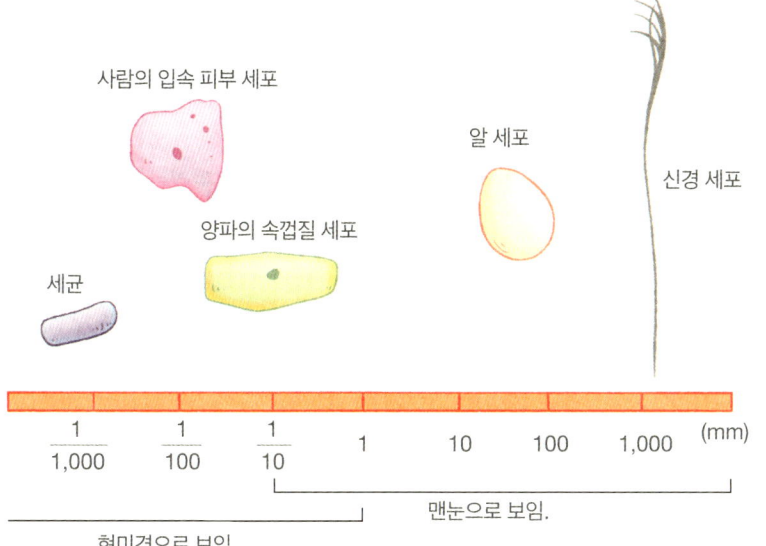

▲ 다양한 세포의 모양과 크기

"하하, 단순히 세포를 모아서 합친다고 생물이 되지는 않아. 세포가 몸을 이루는 과정은 좀 더 복잡하거든."

그러자 곽두기가 한숨을 쉬며 장하다에게 말했다.

"블록 얘기하니까 부서진 악어 블록이 생각났어. 다시 조립하려면 또 일주일 걸리겠지?"

"걱정 마. 우리가 도와줄게!"

아이들은 곽두기를 앞세워 과학실을 뛰쳐나갔다.

핵심정리

생물의 몸을 이루는 세포는 종류가 매우 다양하고, 종류에 따라 모양이나 크기, 하는 일이 달라.

나선애의 정리노트

1. 세포

① 생물의 몸을 이루는 기본 단위

② 대부분 크기가 $\frac{1}{1,000} \sim \frac{1}{10}$ mm로 매우 작음.

③ ⓐ [   ], 세포질, 세포막으로 이루어짐.

④ ⓑ [   ] 이 일어나는 가장 작은 단위임.

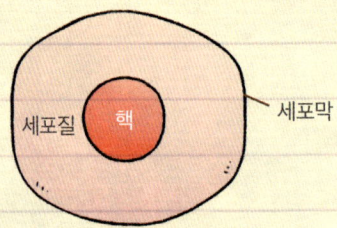
세포질 / 핵 / 세포막

2. 생물의 몸을 이루는 세포

① 생물의 몸은 여러 종류의 세포로 이루어짐.

② 세포의 종류에 따라 모양과 크기, 하는 일이 다양함.

　예　ⓒ [   ] : 암컷이 자손을 남기기 위해 만드는 세포

　　　ⓓ [   ] : 동물의 몸에서 신호를 전달하는 세포

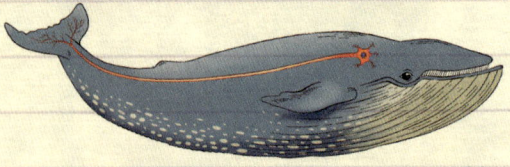

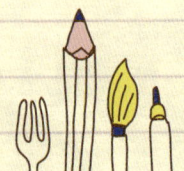

ⓐ 핵 ⓑ 생명 활동 ⓒ 알 ⓓ 신경 세포

 # 과학퀴즈 🧪 달인을 찾아라!

●정답은 115쪽에

01

친구들이 이번 시간에 배운 내용에 대해 이야기하고 있어. 옳으면 O, 옳지 않으면 X를 표시해 줘.

① 세포는 작은 방이라는 뜻이야. (　　)
② 훅이라는 과학자는 양파의 속껍질에서 세포를 최초로 관찰했어. (　　)
③ 사람의 다리에 뻗어 있는 신경 세포의 길이는 약 1m야. (　　)

02

다음 보기 의 문장에서 괄호 안에 들어갈 말을 순서대로 이으면 어떤 모양이 나온대. 무슨 모양인지 그려 봐.

보기

우리가 자주 먹는 달걀은 암탉이 자손을 남기기 위해 만든 (　　)야.
달걀의 노른자에서 핵을 제외한 나머지 부분은 (　　)이고,
흰자와 속껍질은 두터운 (　　)이야.

| 출발/도착 | • | • | 세포막 |

| 세포질 | • | • | 세포 |

용선생의 과학 카페

용선생의 한국사 카페

용선생의 세계사 카페

https://cafe.naver.com/yongyong

용선생의 과학 카페

과학계의 핵인싸, 용선생의 과학 카페에 오신 걸 환영합니다.

Log in

MENU
- 물리면 아프다
- 화학이 화하하
- 생물 오징어
- 지구는 둥글다

세포를 연구한 과학자들

훅이 처음 세포를 발견한 후 세포가 생물의 몸을 이루는 단위라는 것을 알기까지 많은 연구가 이루어졌어. 세포에 대해 연구한 과학자들에 대해 알아보자!

 레이우엔훅

원래는 옷감을 사고팔던 네덜란드 상인이었어. 옷감의 품질을 자세히 살펴보기 위해 현미경을 이용하다가, 이후 직접 만든 현미경으로 여러 가지 물체를 관찰했지. 1670년대 중반에 그는 고인 빗물을 현미경으로 들여다보다가 움직이는 작은 생물의 세포를 관찰했어. 살아 있는 세포를 최초로 발견한 거야!

사람들은 레이우엔훅이 발견한 것을 믿지 않았어. 그러다 영국의 유명한 과학자인 훅이 확인해 주자 그제야 인정을 받았지.

▼ 레이우엔훅이 만든 현미경
물체를 실제 크기보다 270배 크게 볼 수 있어.

▼ 레이우엔훅이 관찰하여 그린 작은 생물들

슐라이덴   슈반

둘 다 독일의 과학자야. 슐라이덴은 식물에 있는 세포를, 슈반은 동물에 있는 세포를 연구했어.

1838년 슐라이덴은 식물이 세포로 이루어져 있다고 주장했어. 이 듬해인 1839년, 슈반은 식물뿐만 아니라 동물도 세포로 이루어져 있으며, 모든 생물은 세포로 이루어져 있다고 주장했지. 이후 사람들은 생물이 세포로 이루어져 있으며, 세포가 살아 있는 동안 생물도 살아 있다는 것을 알게 되었어.

- 장하다의 오답을 피하는 방법
- 나선애의 야무진 실험실
- 왕수재의 아는 척 과학교실
- 허영심의 별 헤는 밤
- 곽두기의 빅뱅 따라잡기

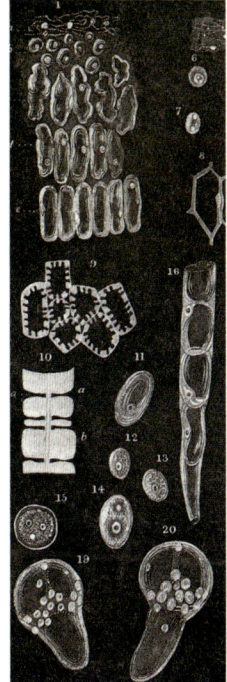
▲ 슐라이덴이 관찰하여 그린 식물의 세포

▲ 슈반이 관찰하여 그린 동물의 세포

COMMENTS

- 빗물에 저런 생물이 있다고? 어우, 징그러워!
  - 레이우엔훅은 치아 사이에 낀 치석을 관찰하기도 했대.
  - 오! 저도 제 치석을 관찰해 볼래요.
  - 좀 더럽….

2교시 | 세포의 구조와 기능

세포는 어떤 일을 할까?

세포 속이래. 생각보다 굉장히 복잡하네.

여기가 어디야?

"얘들아, 이것 좀 봐. 교탁 위에 신기한 게 있어."

허영심의 말에 아이들이 너도나도 교탁으로 다가갔다.

"이런 장난감은 처음 봐."

"장난감이 아니야. '세포 모형'이라고 쓰여 있어."

"세포? 세포가 이렇게 생겼구나!"

그때 용선생이 과학실로 들어오며 말했다.

"오호, 너희들끼리 수업을 시작한 거니?"

"선생님, 세포가 이렇게 생겼어요?"

"하하, 맞아. 세포 모형은 처음 보지?"

"네! 근데 엄청 복잡하게 생겼어요. 세포 안에 뭐가 이렇게 많아요?"

"좋아. 지금부터 함께 알아보자!"

세포에서 명령을 내리는 대장은?

아이들이 자리에 앉자 용선생은 말을 이었다.

"지난 시간에 세포를 이루는 세 가지 부분을 배웠는데, 기억하니?"

나선애가 노트를 펼치더니 말했다.

"세포에는 핵과 세포질, 세포막이 있어요."

"그래. 이 중에서 먼저 핵에 대해서 알아보자. 너희 혹시 핵이 무슨 뜻인지 아니?"

곽두기가 어깨를 한 번 으쓱하며 말했다.

"음……. 핵심이라는 말은 알아요. 중심이라는 뜻이에요. 할아버지께서 항상 핵심을 알라고 그러시거든요."

"하하, 맞아. 그와 비슷하게 세포의 핵은 세포의 중심 역할을 하는 중요한 곳이야. 세포에서 일어나는 모든 일을 지휘하는 곳이 바로 핵이거든."

◀ 핵은 세포에서 일어나는 모든 일을 지휘해.

"그럼 핵이 세포의 대장이에요?"

"그런 셈이지."

"그러면 세포 안에 있는 것들은 핵이 하라는 대로 움직이겠네요?"

"맞아. 핵은 세포를 현미경으로 관찰할 때 가장 눈에 띄는 부분이야. 세포 안에서 가장 크고, 모양은 동그랗게 생겼지. 그런데 관찰을 하다 보면 핵이 잘 안 보이거나 아예 세포 자체가 잘 안 보이는 경우가 많아. 그래서 과학자들이 어떻게 하는 줄 아니?"

"어떻게 하는데요?"

"세포를 염색한단다. 염색한 옷감이나 종이를 현미경으로 자세히 보면 염색된 부분이 그렇지 않은 부분보다 더 잘 보여. 그래서 세포도 염색을 하면 더 잘 보인다는 걸 깨달은 거지. 염색된 세포가 어떻게 보이는지 함께 볼까?"

용선생은 화면에 사진을 띄웠다.

> **곽두기의 낱말 사전**
>
> **염색** 실이나 천, 머리카락 따위에 색깔을 내는 물질을 입혀서 물들이는 걸 말해.

▼ 사람의 피부 세포를 염색하여 현미경으로 관찰한 모습

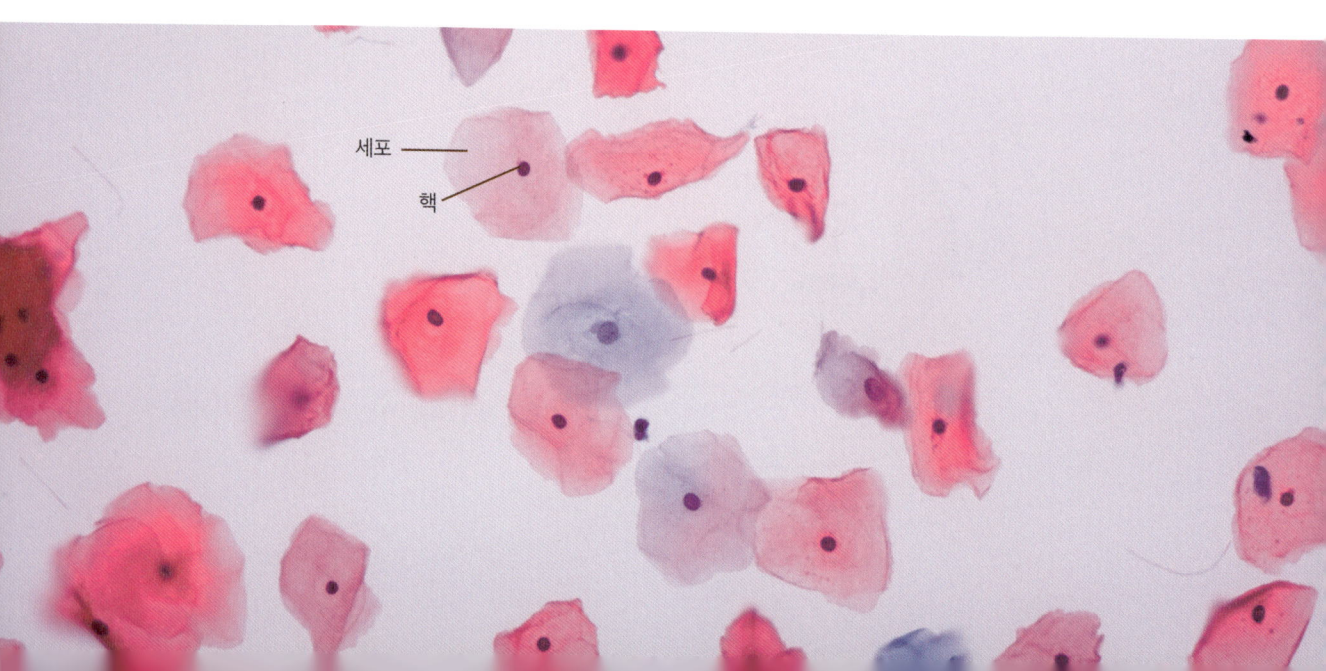

"저게 세포예요? 자주색 꽃잎같이 생겼어요. 세포를 염색하면 이렇게 보이나요?"

"맞아. 세포 안에 진한 점이 보이니? 이 점이 바로 핵이야. 핵 안에 있는 유전 물질이 염색이 잘 되어서 핵이 진하게 보이지."

"유전 물질? 그게 뭔데요?"

"흠……. 생명 활동에 필요한 정보가 모두 담긴 물질이랄까? 요리책에는 음식을 만드는 수많은 방법이 담겨 있잖아. 그것처럼 세포에도 생물이 살아가는 데 필요한 모든 정보가 담긴 부분이 있어. 이걸 유전 물질이라고 해. 유전 물질을 DNA(디엔에이)라고도 부르지."

"DNA? 많이 들어 봤는데 그런 뜻이었군요. 근데 생물이 살아가는 데 무슨 정보가 필요해요?"

"예를 들어 볼게. 먼저 우리가 음식을 먹고 소화시키려면 음식물을 잘게 부수는 소화 효소라는 물질이 있어야 해.

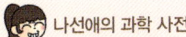 나선애의 과학 사전

DNA(디엔에이) 생명 활동에 필요한 정보가 담긴 물질이야. DNA란 이름은 데옥시리보 핵산(Deoxyribo Nucleic Acid)이라는 영어 이름의 앞 글자를 딴 거야.

효소 생물의 몸 안에서 화학 반응이 더 빨리 일어나게 돕는 물질을 말해. 예를 들어 소화 효소는 소화할 때 일어나는 화학 반응이 더 잘 이루어지게 돕는 물질이지.

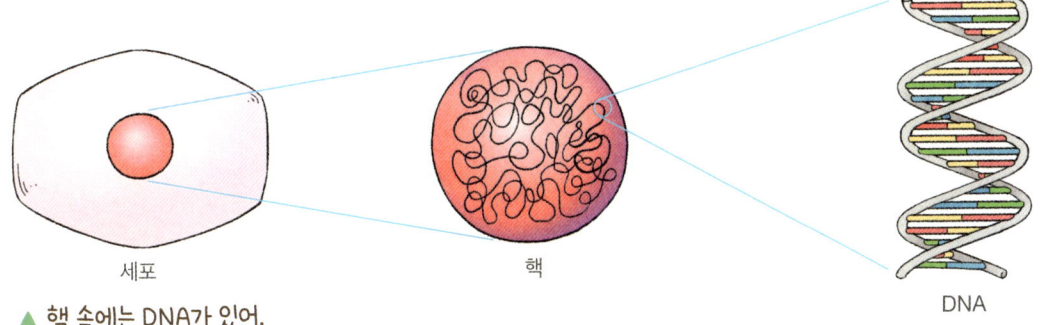

세포　　　　핵　　　　DNA

▲ 핵 속에는 DNA가 있어.

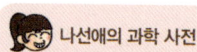

세균 세포 하나로 이루어진 아주 작은 생물로, 다른 생물의 몸에 들어가 살기도 해.

그럼 소화 효소를 만드는 방법이 필요하겠지?"

"그렇죠."

"또 세균 같은 외부 물질이 우리 몸속으로 들어오면 항체라는 물질이 나와서 우리 몸을 지키기 위해 싸워. 이 항체를 만드는 방법도 필요하지."

"이제 보니 우리 몸에 필요한 물질이 많네요."

"맞아. DNA에는 소화 효소나 항체를 비롯해 생명 활동에 필요한 여러 가지 단백질을 만드는 방법이 모두 담겨 있단다."

"단백질? 소화 효소나 항체가 단백질이에요?"

"난 고기가 단백질이라고 들은 것 같은데……."

장하다가 입맛을 다시며 말하자 용선생이 설명했다.

"하하, 고기도 단백질 맞아. 단백질은 우리 같은 동물의 몸을 이루는 물질이거든. 하지만 몸을 이루는 것 외에도 하는 일이 아주 많아. 소화를 비롯해 우리 몸에서 일어나는 거의 모든 일에 단백질이 필요하다고 생각하면 돼."

"단백질은 정말 중요한 물질이군요. 세포의 핵에 단백질을 만드는 중요한 정보가 모두 있다는 거죠?"

"맞아. 핵에서는 유전 물질에 있는 정보를 바탕으로 세포에 여러 가지 명령을 내리고 지휘한단다."

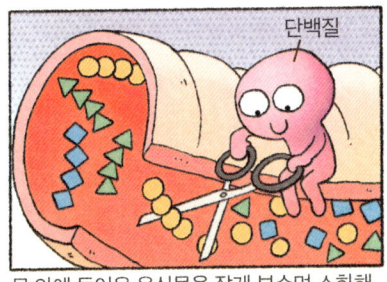
몸 안에 들어온 음식물을 잘게 부수며 소화해.

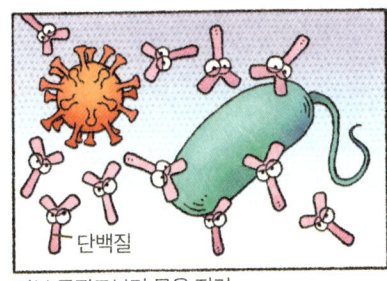
외부 물질로부터 몸을 지켜.

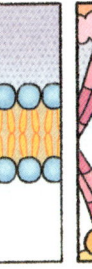
세포 안팎으로 물질을 옮겨.

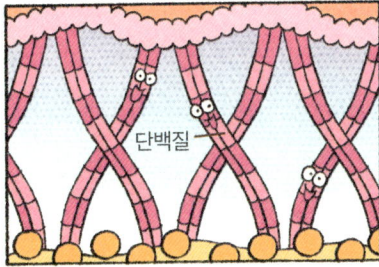
우리 몸을 이뤄.

▲ 단백질의 다양한 역할

핵심정리

핵은 세포에서 일어나는 모든 일을 지휘하는 곳이야. 핵 속에 있는 유전 물질인 DNA에는 생물이 살아가는 데 필요한 모든 정보가 담겨 있어.

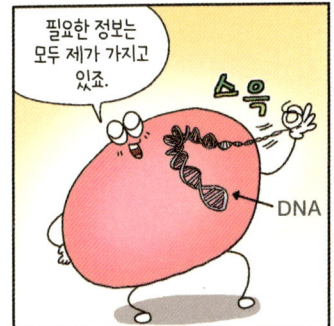

 세포의 일꾼들은 무얼 할까?

허영심이 손을 들고 물었다.

"선생님, 그럼 단백질을 핵에서 만들어요?"

"아니야. 단백질이 만들어지는 곳은 세포질이란다. 핵에서 단백질을 만들라는 명령을 내리면, 세포막과 핵 사이에 있는 세포질에서 단백질을 만들어."

"엥? 세포질엔 아무것도 없잖아요. 세포질에서 어떻게 그런 일을 해요?"

"세포질은 아무것도 없는 텅 빈 공간이 아니야. 세포를 고배율 현미경으로 더 자세히 살펴보면 얘기가 다르지. 사진으로 함께 볼까?"

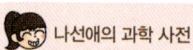
나선애의 과학 사전

고배율 망원경이나 현미경 등으로 물체를 보면 실제 크기보다 크게 확대되어 보이는데, 이렇게 확대되는 정도가 매우 큰 것을 말해.

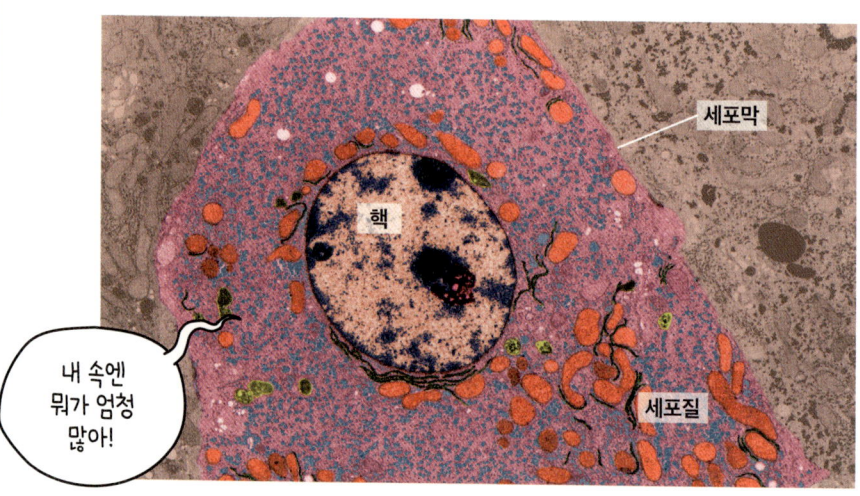

▲ **고배율 현미경으로 본 동물 세포** 크고 둥근 핵 외에 세포질에도 여러 부분이 많아.

"우아, 현미경이 무지 좋아졌나 봐요! 이제 보니 세포질에 뭐가 엄청 많네요?"

아이들의 이야기에 용선생이 고개를 끄덕이며 말했다.

"세포질에는 여러 가지 일을 하는 부분들이 있단다. 이 부분들을 세포 소기관이라고 해. 세포 소기관들은 하는 일에 따라 종류가 다양한데, 공통적으로 핵의 명령에 따라 세포가 살아가는 데 필요한 일을 하지."

"그럼 세포 소기관에서 단백질을 만들어요?"

"맞아. 단백질을 만드는 세포 소기관을 리보솜이라고 해. 리보솜은 크기가 핵의 $\frac{1}{1,000}$ 정도밖에 안 될 정도로 아주 작아. 이렇게 작은 리보솜이 세포 하나 안에 천만 개나 들어 있단다."

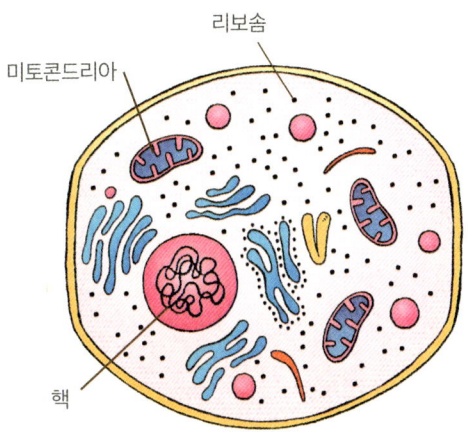

▲ 세포질에는 여러 가지 세포 소기관이 있어.

"으악! 천만 개요? 그 조그만 세포 안에요?"

"그렇다니까! 세포가 살아가는 데 필요한 온갖 단백질을 만들어 내려면 리보솜이 아주 많이 있어야 하거든."

"우아! 완전히 단백질 공장이네요?"

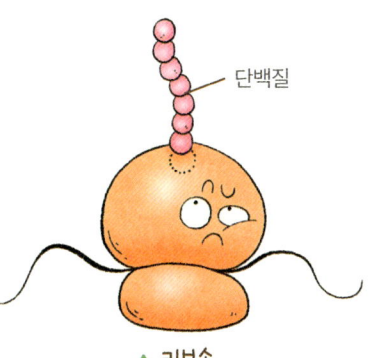

▲ 리보솜

"하하, 그럴 듯한데? 단백질을 만드는 것만큼 중요한 일을 하는 세포 소기관이 또 있어. 바로 미토콘드리아야."

"미토콘…… 뭐라고요?"

"미토콘드리아! 이 세포 소기관에서는 에너지를 만든단다. 사진을 보렴."

용선생은 화면을 바꿨다.

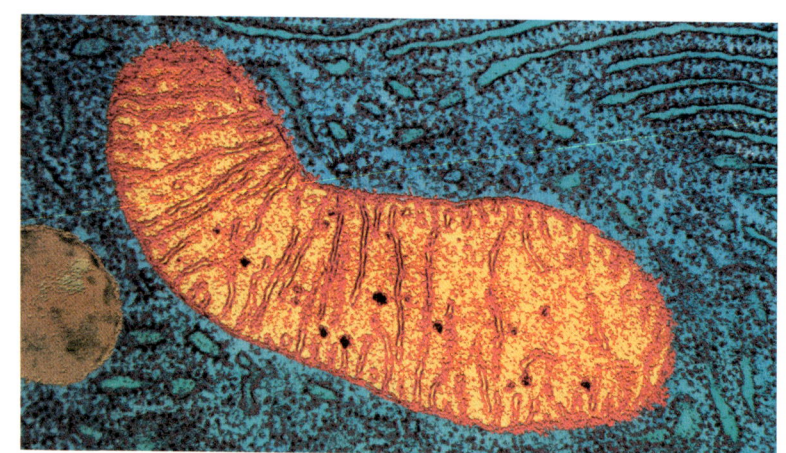

▲ 현미경으로 관찰한 미토콘드리아

"어? 미토콘드리아 안에 줄무늬 같은 게 있어요!"

"잘 봤어. 바로 그곳에서 에너지가 만들어져. 에너지를 많이 쓰는 세포는 미토콘드리아도 많아. 몸을 움직이는 근육 세포처럼 말이지."

"세포 소기관에서 단백질도 만들고 에너지도 만드네요. 세포 소기관은 만들기를 잘하나 봐요."

"그 외에도 물질을 옮겨 주거나 필요 없는 물질을 모아서 없애 주는 세포 소기관도 있단다. 여러 가지 세포 소기관이 열심히 일하고 있다는 걸 잘 기억하렴."

 핵심정리

세포질에는 각각 다른 일을 하는 세포 소기관들이 있어. 리보솜에서는 단백질을 만들고, 미토콘드리아에서는 에너지를 만들어.

세포를 지키는 경비병

용선생은 박수를 한번 짝 치고 말했다.

"자, 지금까지 핵과 세포질을 자세히 알아봤는데, 이제 뭐가 남았지?"

"세포막이요!"

"그래. 세포막은 말 그대로 세포를 둘러싼 막이야. 세포의 안과 밖을 나눠 주는 경계이지. 세포막은 외부로부터 세포를 보호한단다."

"집 둘레에 치는 울타리나 담처럼요?"

"맞아. 세포막이 어떻게 생겼는지 자세히 볼까?"

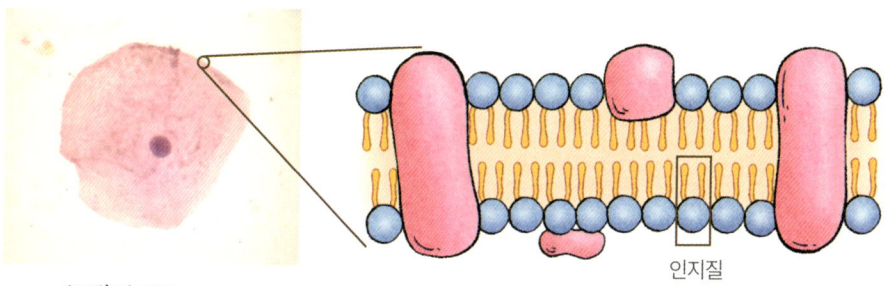
▲ 세포막의 구조

왕수재가 화면을 가리키며 물었다.

"동그란 머리에 꼬리가 두 개 달린 저건 뭐예요?"

"저건 세포막을 이루는 물질로, '인지질'이라고 해. 동그

▲ 인지질

란 머리에 꼬리가 달린 저 물질이 아주 많이 모여서 세포막을 이루지. 인지질은 좀 별난 성질이 있어. 동그란 머리 부분은 물과 잘 섞이는데, 꼬리 부분은 기름처럼 물과 잘 안 섞인다는 거야."

"머리랑 꼬리랑 정반대네요."

"맞아. 그러한 성질 때문에 머리 부분과 꼬리 부분이 서로 멀어지려고 해."

"멀어지려 한다고요? 그럼 어떻게 되는데요?"

"생물의 몸에는 물이 많아서 세포 안과 밖에 물이 가득하거든. 그래서 머리 부분은 물이 있는 세포 안과 밖을 향하고, 꼬리 부분은 물을 피하려고 가운데에 모이면서 두 겹의 층을 만들어. 이 인지질 두 겹으로 된 층이 바로 세포의 형태를 잡아 주는 경계를 이룬단다."

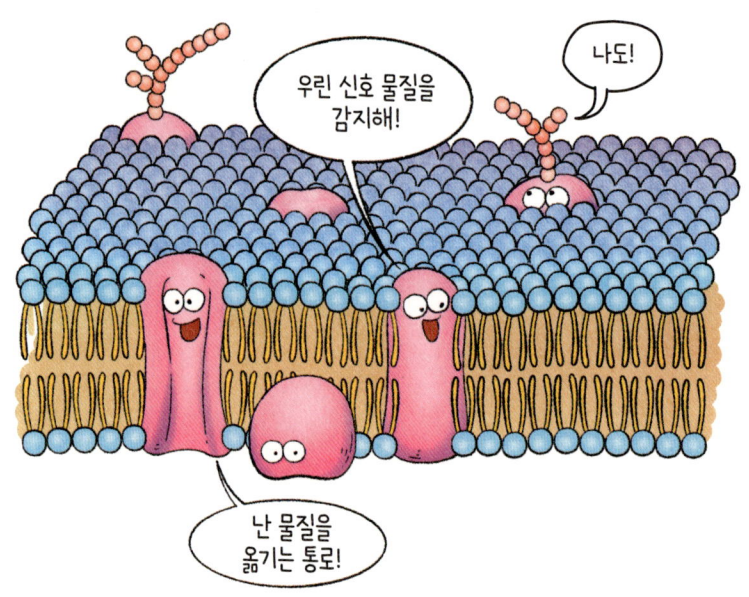

▶ 세포막에 있는 단백질이 하는 일

"오호, 그럼 군데군데 박혀 있는 저 덩어리들은 뭐예요?"

"그건 단백질이야. 세포막에 있는 단백질은 세포 안팎으로 여러 가지 물질을 옮겨 주지."

"단백질이 물질을 옮겨 준다고요?"

"그럼. 어떤 단백질은 아예 물질이 이동하는 통로로 쓰이기도 하는걸?"

"단백질 통로라니, 큭큭!"

"세포막에 있는 단백질이 하는 일은 또 있어. 세포끼리는 서로 많은 신호를 주고받으며 살아가. 이때 세포막에 있는 단백질이 신호를 주고받는 일을 한단다."

허영심이 세포 모형을 쓰다듬으며 말했다.

"조그만 세포 안에서 온갖 복잡한 일이 일어나네요. 지금 이 순간에도 제 몸속의 세포들이 열심히 활동하고 있겠죠?"

"하하, 그렇지. 아직 세포에 대해 알아볼 게 더 많단다. 다음 시간에 또 알려 줄게!"

 핵심정리

세포의 경계를 이루는 세포막은 인지질과 단백질로 이루어져 있어. 세포막에 있는 단백질은 세포 안팎으로 물질을 옮기고 다른 세포와 신호를 주고받는 일을 해.

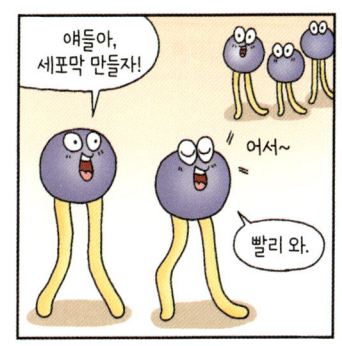
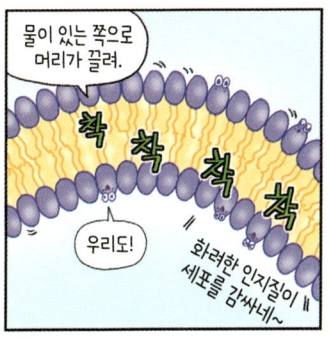
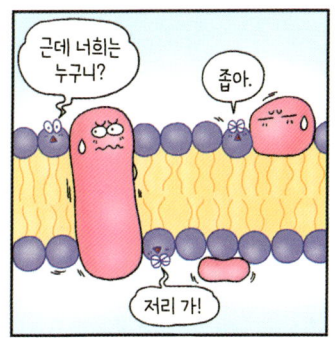
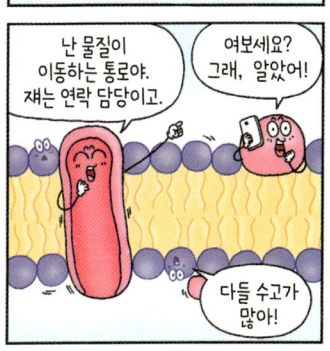

나선애의 정리노트

1. 핵
① 세포에서 일어나는 일을 지휘하고 명령을 내리는 곳
② 핵 속에 있는 유전 물질인 ⓐ_____에는 생명 활동에 필요한 정보가 담겨 있음.

2. ⓑ_____
① 핵이 내린 명령을 실행하는 곳
② 세포 소기관: 세포 안에서 여러 가지 일을 함.
- ⓒ_____: 단백질을 만듦.
- 미토콘드리아: ⓓ_____를 만듦.

3. 세포막
① 세포 안과 밖의 경계를 이루고 세포를 보호하는 곳
② 인지질로 이루어진 두 겹의 층과 ⓔ_____로 이루어짐.
③ 세포막을 통해 세포 안팎으로 물질이 드나들고, 다른 세포와 신호를 주고받음.

ⓐ DNA ⓑ 세포질 ⓒ 리보솜 ⓓ 에너지 ⓔ 단백질

 # 과학퀴즈 달인을 찾아라!

●정답은 115쪽에

01

친구들이 이번 시간에 배운 내용에 대해 이야기하고 있어. 옳으면 O, 옳지 않으면 X를 표시해 줘.

① 세포의 핵에는 유전 정보가 담겨 있어. (　　)
② 단백질을 만드는 세포 소기관도 있어. (　　)
③ 세포막의 인지질을 통해 신호를 주고받아. (　　)

02

곽두기가 방탈출 게임을 하고 있어. 보기 에서 괄호 안에 들어갈 말들을 순서대로 찾아야 탈출할 수 있대. 곽두기가 나가는 길을 찾게 도와줘.

> **보기**
>
> (　　　)을 이루는 물질은 동그란 머리에 꼬리가 두 개 달린 모양이야. 이 물질을 (　　　)이라고 불러. 머리 부분은 (　　　)과 잘 섞이고 꼬리 부분은 그렇지 않아. 이러한 꼬리 부분이 세포막 안쪽에 모여 (　　　)을 만들지.

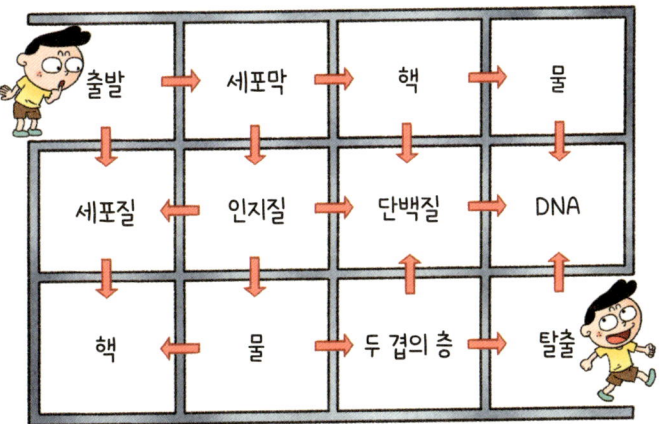

3교시 | 단세포 생물

눈에 보이지 않는 작은 생물의 정체는?

용선생이 과학실에 들어서자 허영심이 쪼르르 달려갔다.

"선생님, 왜 이제 오세요? 궁금한 게 있어서 여태 기다렸어요!"

"하하, 미안. 교무실에 처리할 일이 있었어. 궁금한 게 뭔지 말해 보렴."

"어제 엄마랑 빵을 만들었는데요, 반죽을 만들 때 밀가루 말고 다른 가루도 넣었거든요? 엄마 말로는 그게 살아 있는 생물이래요. 세상에, 가루가 생물이라니. 그 말이 진짜예요, 선생님?"

허영심의 말에 다른 아이들도 용선생을 쳐다봤다.

"하하, 그건 생물 맞아. 세포 하나로 이루어진 아주 작은 생물이지."

"네? 그런 생물도 있어요?"

세포 하나로 된 생물이 있다고?

용선생은 아이들이 자리에 앉기를 기다렸다가 말했다.

"너희 혹시 기억나니? 우리 몸에서 세포 하나를 떼어 내서 영양소와 산소를 주면 어떻게 된다고 했지?"

나선애가 노트를 뒤적이더니 말했다.

"세포 혼자서도 살아갈 수 있다고 하셨어요."

"맞아. 세포 하나만 있어도 생명 활동이 이루어진다고 했지? 세상에는 다양한 생물이 살고 있어. 그중에는 세포 하나로 이루어진 생물도 있단다."

"세포 딱 하나요?"

"응. 이러한 생물을 '하나 단(單)' 자를 써서 단세포 생물이라고 불러. 이와 달리 우리는 여러 개의 세포로 이루어진 생물이야. 이러한 생물을 '많을 다(多)' 자를 써서 다세포 생물이라고 하지."

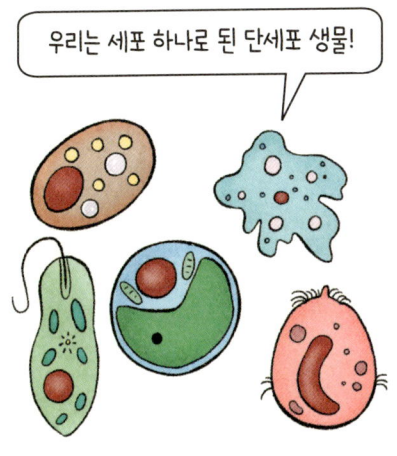

그러자 허영심이 말했다.

"그러면 그 가루에 있는 생물이 단세포 생물이에요?"

"맞아. 그 가루는 '효모'라고 하는 단세포 생물이야. 효모가 어떻게 생겼는지 함께 볼까?"

용선생은 화면에 사진을 띄웠다.

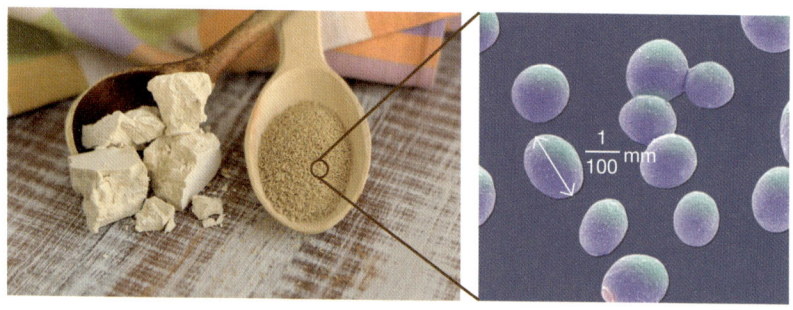

▲ 마른 상태의 효모 덩어리와 가루   ▲ 현미경으로 관찰한 효모

"효모는 말라서 덩어리나 가루일 때에는 생명 활동을 하지 않다가 물을 만나면 생명 활동을 시작해."

"그런데 왜 효모를 빵에 넣어요?"

"효모는 생명 활동을 하면서 이산화 탄소를 내보내. 효모를 빵 반죽에 넣으면, 효모가 내보낸 이산화 탄소가 반죽에 갇혀서 빵이 부풀어 오르지."

"아, 그래서 빵 만들 때 효모를 넣는군요."

왕수재가 화면을 가리키며 말했다.

"이 동그란 세포 하나가 효모 하나라는 거죠?"

 용선생의 과학 현미경

효모는 이산화 탄소뿐만 아니라 알코올도 만들어 내보내. 알코올은 술에 많이 들어 있는 성분이지. 그래서 사람들은 옛날부터 효모를 이용하여 술을 만들었단다.

"맞아. 세포 하나로 된 생물이라도 있을 건 다 있단다. 핵과 세포질, 세포막까지 말이야. 다른 점이라면 세포막 바깥에 세포벽이 있다는 거야."

"세포벽? 그건 뭐예요?"

곽두기가 눈을 크게 뜨고 물었다.

"만약 효모처럼 세포 하나로 이루어져 있는 생물이 세포막을 다치면 어떻게 될까?"

"으아……. 엄청 아프지 않을까요?"

"하하, 아픈 정도가 아니라 아마 세포가 터져 죽을 거야. 단세포 생물인 효모는 세포막을 보호하기 위해 세포막 바깥에 두터운 막을 하나 더 두르고 있어. 그게 바로 세포벽이지."

"세포막만 있으면 약하니까 막이 하나 더 있군요?"

"맞아. 또 다른 단세포 생물을 한번 보자."

용선생은 효모 사진 옆에 또 하나의 사진을 띄웠다.

"이건 짚신벌레라는 단세포 생물이야. 주로 연못이나 개울 같은 민물에 살지. 짚신을 닮았다고 해서 짚신벌레란 이름

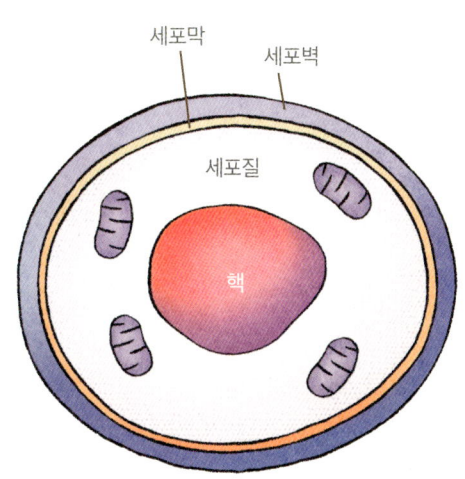

▲ 효모 세포의 구조

▼ 짚신벌레

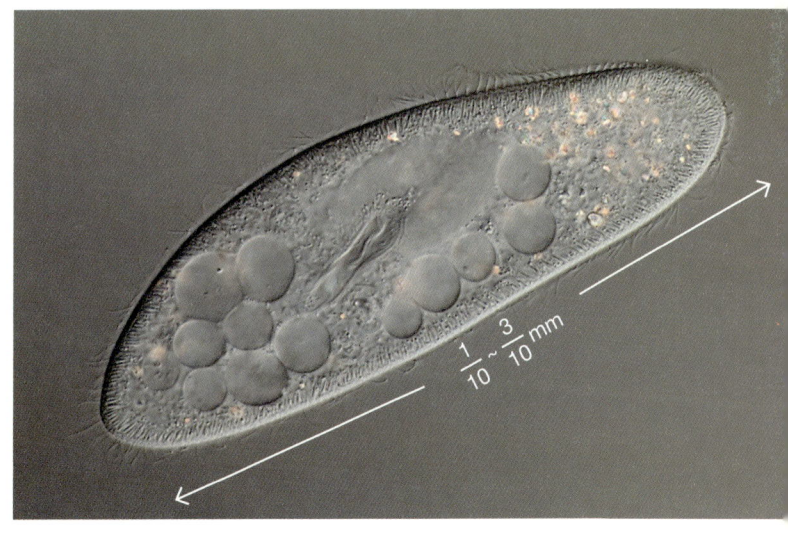

이 붙었어. 짚신벌레는 효모보다 10배 이상 크단다."

아이들은 화면을 보며 웃음을 터뜨렸다.

"푸하! 정말 짚신처럼 생겼다."

"이름만 보면 곤충인 줄 알겠어."

"그러게. 우리가 생각하는 그런 벌레는 아닌가 봐."

"자자, 얘들아? 진정하고 짚신벌레가 효모와 어떤 점이 다른지 한번 말해 볼래?"

용선생의 질문에 아이들은 뚫어져라 화면을 바라봤다.

"일단…… 길쭉해요."

"바깥쪽에 가느다란 털이 잔뜩 있어요. 혹시 이게 짚신벌레의 세포벽이에요?"

왕수재가 손을 들고 말하자 용선생이 대답했다.

"아니, 짚신벌레는 세포벽이 없어. 대신 세포막에서 내보낸 물질이 세포막을 둘러싸고 있지."

"그러면 털은 왜 나 있어요?"

"물속에서 이동하기 위해서야. 저 털을 움직여서 먹이를 찾아 헤엄쳐 다니거든."

"우아, 저 짧은 털로 물장구를 치는 거예요?"

"하하, 맞아. 게다가 엄청 빨라."

"얼마나 빠른데요?"

"짚신벌레는 물속에서 1초에 2mm까지 이동해."

"애걔……."

"우습게 보면 안 돼. 2mm면 짚신벌레 몸길이의 10배나 되는 거리야. 사람으로 치면 1초에 20m를 가는 셈이지."

"헉, 정말요? 수영 실력이 굉장하네요!"

 핵심정리

세포 하나로 이루어진 생물을 단세포 생물이라고 해. 효모와 짚신벌레가 단세포 생물에 속하지.

 ## 또 다른 단세포 생물, 세균

"이제 가장 흔한 단세포 생물에 대해 알아볼까?"

"그게 뭔데요?"

"바로 세균이야. 세균도 단세포 생물이란다. 너희도 세균이란 말은 들어 봤지?"

"네. 세균은 병에 걸리게 하는 나쁜 생물 아니에요?"

장하다가 눈을 부릅뜨며 묻자 용선생이 미소를 지으며 말했다.

"질병을 일으키는 세균도 있지만 우리 몸에 좋은 세균도 있단다."

"몸에 좋은 세균이요?"

"그래. 너희가 즐겨 먹는 음식에도 들어 있지."

용선생은 새로운 사진을 띄웠다.

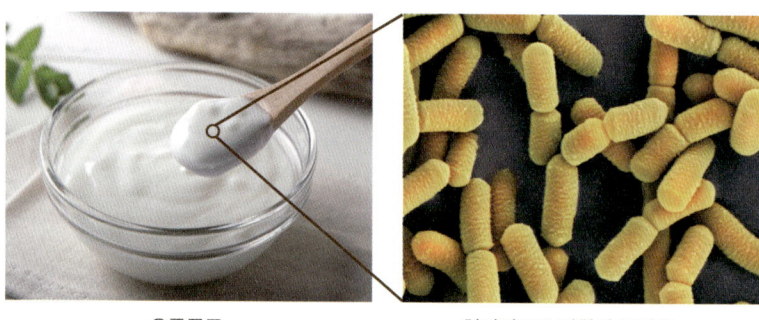

▶ 요구르트에는 유산균이라는 세균이 들어 있어.

요구르트   현미경으로 관찰한 유산균

"요구르트에는 '유산균'이라는 세균이 있어. 유산균은 우리 몸속에서 소화를 돕고 건강에 좋은 물질을 만들어."

"세균은 다 나쁜 줄만 알았는데 아니었네요."

"그렇단다. 사실 어떤 세균이 좋다 나쁘다 하고 말하는 건 사람의 기준일 뿐이지. 모든 세균은 각자의 방식으로 살아갈 뿐이란다."

"헤헤, 그렇군요."

아이들이 고개를 끄덕이자 용선생이 말을 이었다.

"세균은 지구상에서 가장 작은 생물이야. 효모보다도 작지. 크기가 $\frac{1}{1,000} \sim \frac{1}{100}$ mm 정도에 불과해."

"정말 딱 세포 하나 크기네요."

"맞아. 세상엔 무수히 많은 세균이 있어. 우리 몸을 비롯해 지구상에 세균이 없는 곳은 거의 없단다. 세균의 종류와 생김새가 얼마나 다양한지 함께 살펴볼까?"

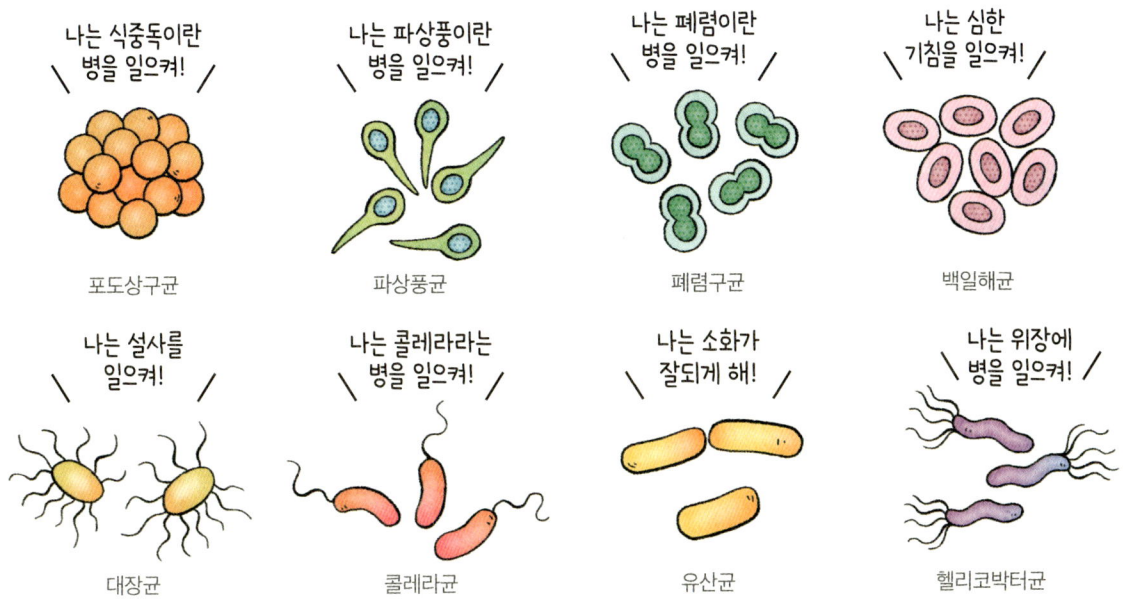

▲ 세균의 여러 가지 모양

"우아! 이게 다 세균이에요?"

"공처럼 생긴 것도 있고 막대처럼 생긴 것도 있어요!"

"꼬리가 달린 세균도 있고요!"

아이들이 저마다 외치자 용선생이 말했다.

"그건 꼬리가 아니라 털이야. 긴 털 하나만 난 것도 있고 짧은 털 여러 개가 난 것도 있지. 이런 세균들은 털을 움직여 이동해."

"단세포 생물도 매우 다양하군요. 우습게 보면 안 되겠어요."

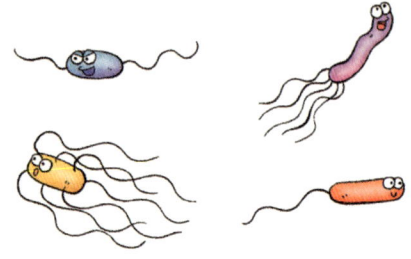

▲ 세균 중에는 털을 움직여 이동하는 세균도 있어.

 핵심정리

세균은 크기가 매우 작고, 살아가는 모습이 매우 다양한 단세포 생물이야. 사람 몸에 좋은 세균도 있고 질병을 일으키는 세균도 있어.

 세균에게 없는 것은 무엇일까?

"같은 단세포 생물이지만 세균의 세포는 효모나 짚신벌레의 세포와는 아주 많이 달라."

"같은 단세포 생물인데 뭐가 달라요?"

"세균에게는 핵이 없거든."

"네? 핵이 세포에서 가장 중요하다면서요?"

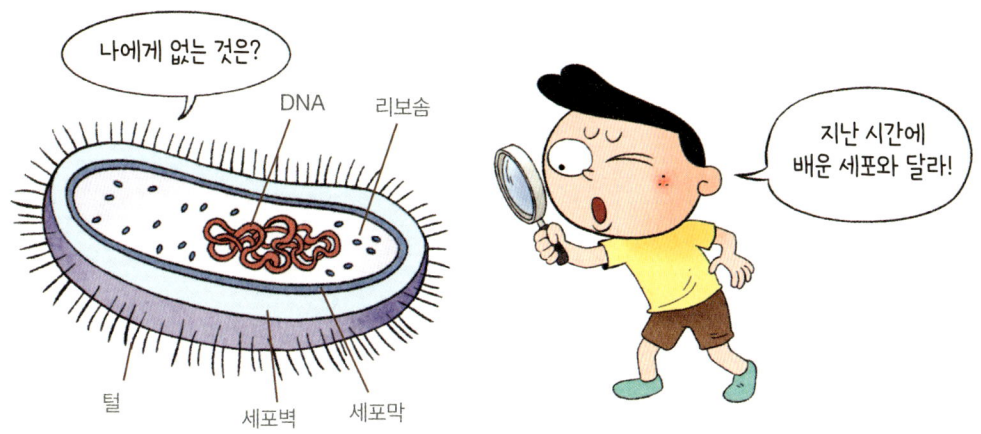

▲ 세균의 세포 구조

"핵이 중요한 이유는 유전 물질인 DNA가 들어 있기 때문이지. 세균의 DNA는 세포질에 있단다."

곽두기가 걱정스러운 눈빛으로 용선생에게 물었다.

"대장이 없으면 명령은 누가 해요?"

"하하, 걱정 마. 세포질에 있는 DNA가 대장 노릇을 한단다. 핵처럼 완벽하진 못해도 말이야."

"선생님! 그런데 세균도 세포벽이 있어요?"

"응. 세균은 대부분 세포벽을 가지고 있어. 어떤 세균은 세포벽 밖에 두꺼운 피막이 한 겹 더 있기도 해."

 용선생의 과학 현미경

세포벽은 세균뿐만 아니라 식물이나 곰팡이를 이루는 세포에도 있어. 하지만 세포벽을 이루는 물질은 각각 다르단다.

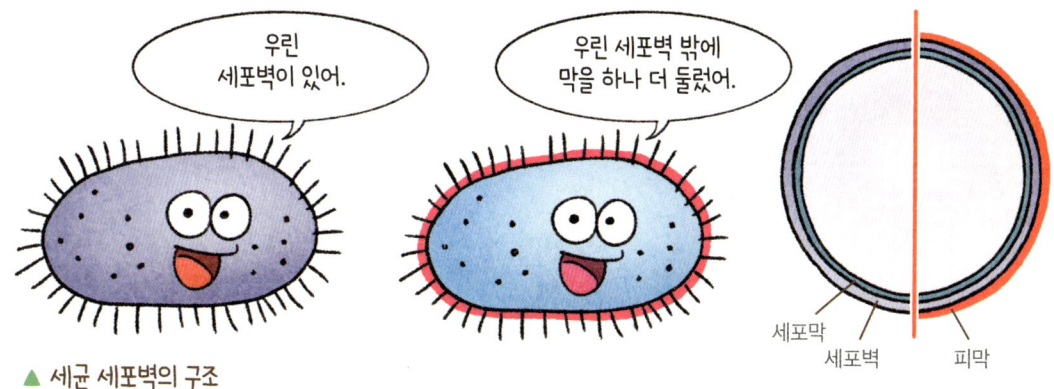

▲ 세균 세포벽의 구조

그러자 이번엔 왕수재가 손을 번쩍 들었다.

"세포 소기관은 리보솜만 보여요. 세균 안에 다른 세포 소기관은 없어요?"

"오, 그걸 발견하다니 대단한걸? 세균 안에는 단백질을 만드는 리보솜밖에 없어. 세포 소기관이 따로 나뉘어 있는 게 아니거든. 세균은 세포질과 세포막 곳곳에서 생명 활동이 일어난단다."

"핵이나 세포 소기관 없이도 생명 활동이 일어나는군요?"

"맞아. 지금까지 배운 핵이 있는 세포와 비교하면 다르지. 하지만 그래서 좋은 점도 있어."

"어떤 점이요?"

"핵이 없는 세포는 크기도 작고 세포의 구조도 간단하다 보니, 핵이 있는 세포보다 생명 활동이 훨씬 빨라."

"훨씬 빠르다고요?"

"응. 핵이 있는 세포에서는 핵에서 각 세포 소기관으로 명령이 전달되어야 일을 하잖아. 그런데 핵이 없으면 세포

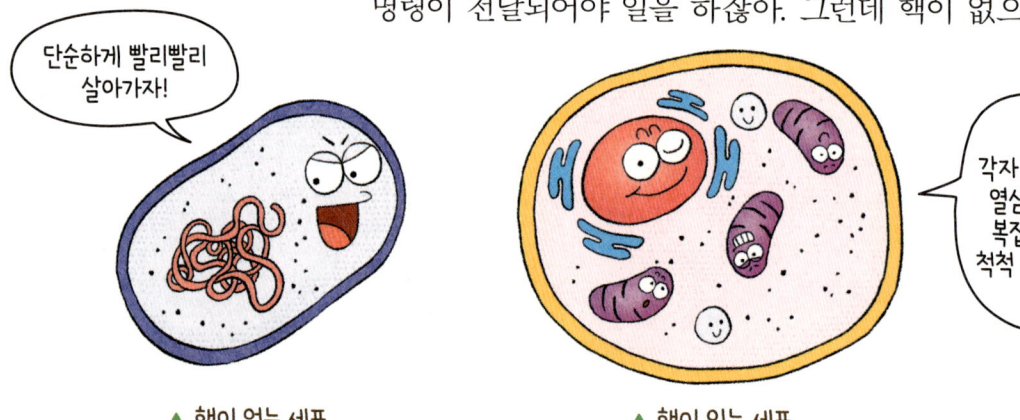

▲ 핵이 없는 세포   ▲ 핵이 있는 세포

질에 있는 DNA에서 명령을 내리는 동시에 바로바로 실행이 되는 거야. 그러니 훨씬 빠르지."

"그럼 오히려 핵이 없는 게 더 좋은 거 아니에요? 생명 활동을 더 빨리, 더 많이 할 수 있잖아요."

"꼭 그렇진 않아. 이런 세포는 우리 같은 동물의 세포처럼 복잡한 일은 할 수 없어. 그래서 아주 단순한 방식으로 살아가지. 세균은 효모나 짚신벌레보다도 훨씬 단순한 생물이란다."

아이들이 고개를 끄덕이는 가운데 장하다가 곽두기의 머리를 쓰다듬으며 말했다.

"두기야, 그래도 세균 때문에 큰 병에 걸리기도 하니까, 조그맣다고 세균을 우습게 보면 안 돼. 알았지?"

"나도 알거든, 형! 형이야말로 내가 작다고 무시하지 말라고!"

"그, 그래. 알았어……."

"하하! 그럼 오늘 수업은 여기까지!"

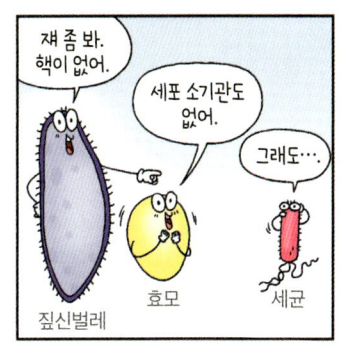

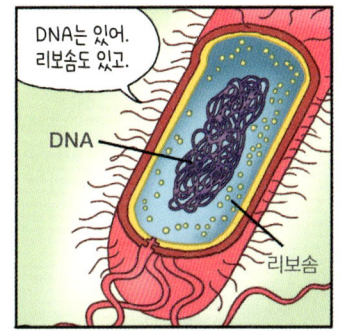

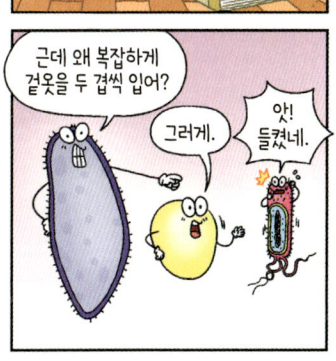

> **핵심정리**
>
> 세균은 단세포 생물이야. 세균은 세포에 핵이 없고 세포 소기관은 리보솜뿐이며 세포벽이 있어. 핵이 없는 세포는 핵이 있는 세포보다 생명 활동이 빨라.

나선애의 정리노트

1. ⓐ [_____] 생물
   ① 세포 하나로 이루어진 생물
   ② 효모: 핵이 있고 세포벽도 있음.
   ③ ⓑ [_____]: 핵은 있고 세포벽이 없음. 온몸에 있는 짧은 털을 움직여 물속에서 이동함.
   ④ 세균: ⓒ [____]이 없고 세포벽이 있음. 사는 곳, 생김새, 종류가 매우 다양함.

2. 핵이 있는 세포 vs 핵이 없는 세포

핵이 없는 세포	ⓓ [____]가 있는 곳	핵이 있는 세포
세포질		핵
O	리보솜	O
X	리보솜 외 세포 소기관	O
O	세포벽	· 효모: O · 짚신벌레: X
빠르게 일어남.	생명 활동	비교적 빠르지 않음.
단순함.	세포의 기능	다양하고 복잡함.

ⓐ 단세포 ⓑ 짚신벌레 ⓒ 핵 ⓓ 유전 물질 DNA

 과학퀴즈 달인을 찾아라!

●정답은 115쪽에

01

친구들이 이번 시간에 배운 내용에 대해 이야기하고 있어. 옳으면 ○, 옳지 않으면 X를 표시해 줘.

① 효모는 세포 바깥에 난 짧은 털을 움직여 이동해. (   )

② 세균은 지구에서 가장 작은 생물이야. (   )

③ 세균은 DNA가 세포질에 있어. (   )

02

나선애가 세균을 찾고 있어. 세균을 이루는 세포에 대한 옳은 설명을 따라가면 찾을 수 있대. 나선애를 도와줘!

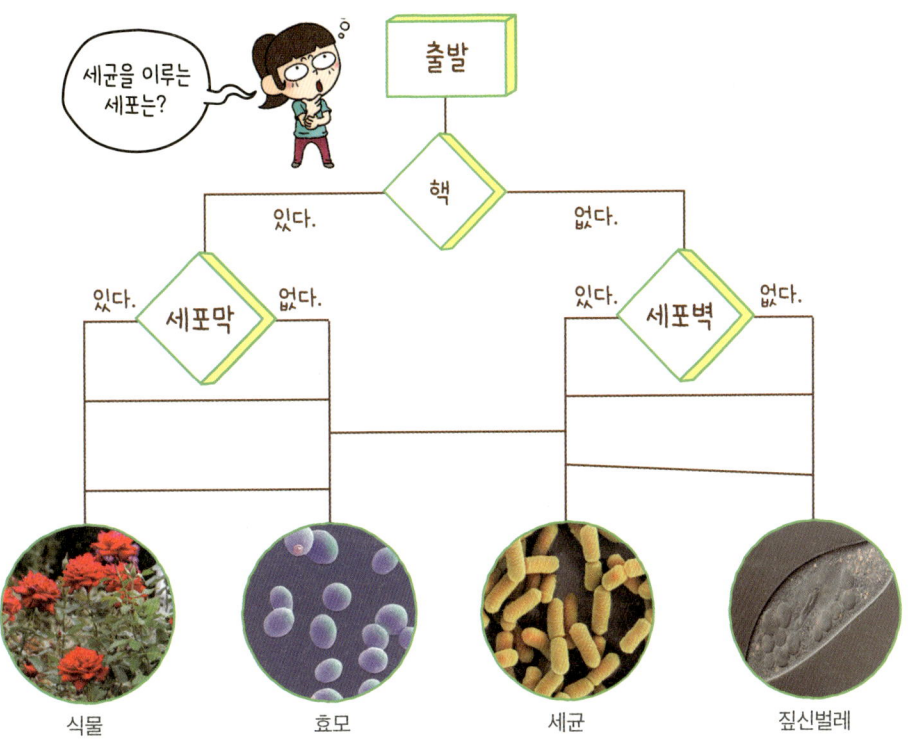

| 용선생의 과학 카페 | 용선생의 한국사 카페 | 용선생의 세계사 카페 | |

   https://cafe.naver.com/yongyong

용선생의 과학 카페

과학계의 핵인싸,
용선생의 과학 카페에
오신 걸 환영합니다.

[Log in]

MENU
물리면 아프다
화학이 화하하
생물 오징어
지구는 둥글다

바이러스, 너의 정체는?

 에취! 저 감기에 걸렸어요! 세균 나빠!

 감기나 독감은 세균이 일으키는 게 아니야. 바이러스가 일으키는 질병이지.

 바이러스랑 세균이랑 달라요?

 응. 바이러스는 크기가 세균의 $\frac{1}{100}$ ~ $\frac{1}{10}$ 정도로 아주 작아. 크기 말고도 세균과 결정적으로 다른 점이 있지.

 그게 뭔데요?

 바이러스는 세포가 아니라는 거야. 그래서 세균은 혼자서도 살 수 있지만, 바이러스는 홀로 살아갈 수 없어.

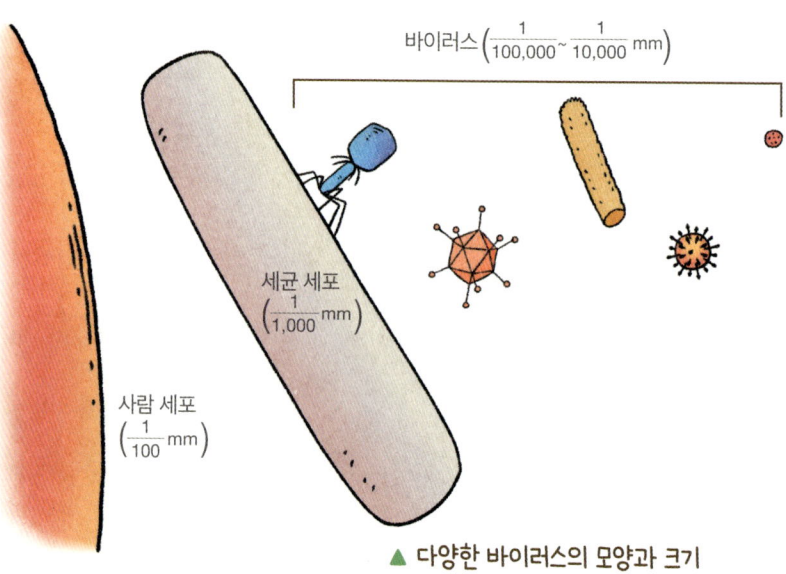

▲ 다양한 바이러스의 모양과 크기

세포가 아니라고요? 그럼 뭘로 이루어져 있어요?

 바이러스는 세포질이나 세포막이 없고 유전 물질과 단백질로만 이루어져 있어. 바이러스는 살아 있는 다른 생물의 세포 속으로 들어가서 그 세포가 가진 것들을 이용해야만 수를 늘리고 살아갈 수 있단다.

장하다의 오답을 피하는 방법
나선애의 야무진 실험실
왕수재의 아는 척 과학교실
허영심의 별 헤는 밤
곽두기의 빅뱅 따라잡기

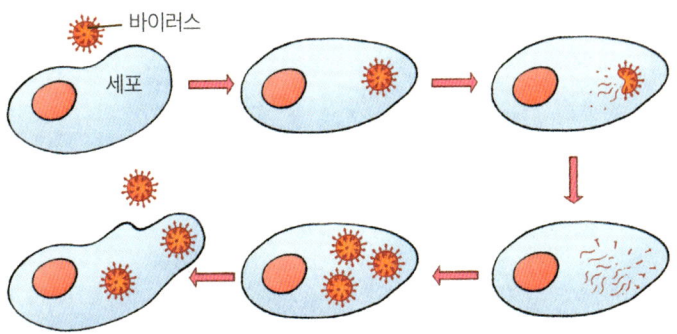

▲ 바이러스는 다른 생물의 세포 속으로 들어가서 그 세포 속에 있는 단백질과 물질들을 이용해 수를 늘려.

 그럼 다른 생물이 없을 때에는요?

 그럴 땐 생명 활동이 이루어지지 않지. 마치 돌멩이 같은 무생물처럼 말이야. 그래서 어떤 과학자들은 바이러스를 생물로 여기지 않기도 해.

 COMMENTS

 코로나19도 바이러스 맞지?

└ 응. 그 바이러스 때문에 한동안 학교도 못 갔잖아!

└ 맞아. 학교를 오랫동안 안 가니까 가고 싶더라.

└ 오! 장하다가 학교를? 큭!

4교시 | 동물 세포와 식물 세포

산호는 식물일까, 동물일까?

바닷속 세상은 너무 아름다워!

산호가 숲을 이루고 있군.

아이들은 학교에 새로 생긴 수족관을 들여다보느라 정신이 없었다.

"우아, 열대어 정말 예쁘다!"

"난 산호가 더 마음에 들어. 언젠가 진짜로 바닷속에 들어가서 이 멋진 바다 식물을 직접 봐야지!"

장하다가 말하자 나선애가 고개를 절레절레 흔들었다.

"어휴, 산호는 식물이 아니라 동물이야."

"그게 무슨 소리야? 딱 봐도 나무처럼 생겼잖아!"

마침 용선생이 다가오자 아이들이 달려가 물었다.

"선생님! 산호는 식물이에요, 동물이에요?"

"하하! 그건 산호의 세포를 관찰하면 알 수 있지."

"네? 식물과 동물의 세포가 달라요?"

식물 세포에만 있는 것은?

용선생은 아이들과 함께 과학실로 돌아와 말했다.

"동물과 식물은 몸을 이루는 세포부터 아예 달라. 그래서 동물의 몸을 이루는 세포는 동물 세포, 식물의 몸을 이루는 세포는 식물 세포라고 부르지."

"어떻게 다른데요?"

"먼저 세포 소기관이 조금 달라. 식물 세포에만 있고 동물 세포에는 없는 세포 소기관이 있어."

"식물 세포에만 있는 세포 소기관이요?"

용선생은 화면을 띄웠다.

"대표적인 동물 세포와 식물 세포 그림을 보여 줄 테니 직접 차이점을 찾아보렴."

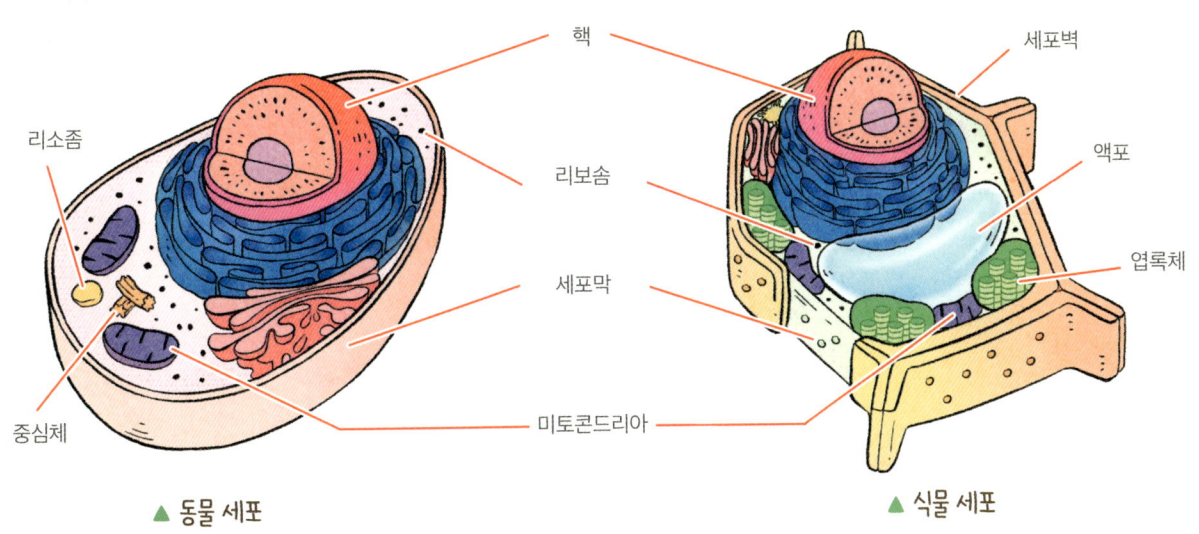

▲ 동물 세포   ▲ 식물 세포

나선애의 과학 사전

노폐물 생물이 살아가는 동안 몸속에서 생기는 물질 중 몸에 필요 없는 물질을 말해.

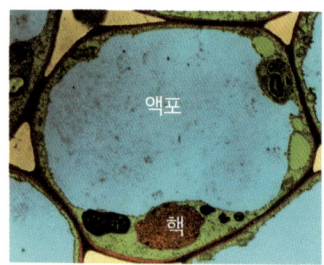
▲ 다 자란 식물 세포 속의 액포

용선생의 과학 현미경

단세포 생물인 효모나 짚신벌레도 액포를 가지고 있어. 효모는 액포에 양분이나 노폐물을 저장해. 짚신벌레는 먹이를 먹을 때 몸에 들어온 물을 액포에 저장했다가 밖으로 내보내.

화면을 뚫어져라 보던 왕수재가 손을 들었다.

"선생님, 식물 세포 가운데에 커다란 물주머니 같은 게 있어요. 동물 세포에는 없고요."

"잘 찾았어. 이건 액포라고 하는 세포 소기관이야. 물이나 양분은 물론이고 노폐물까지 저장하는 곳이지. 액포는 식물 세포가 자라면서 점점 커져. 가을이 되어 식물이 다 자라면 액포가 세포의 대부분을 차지할 정도로 커지기도 한단다."

"동물 세포에는 왜 액포가 없죠?"

"동물은 액포가 필요 없어. 동물은 식물과 달리 먹이를 먹고 물이나 양분을 얻는데, 노폐물을 몸속에 저장하면 먹이를 찾아 돌아다닐 때 몸이 무거워지거든. 그래서 오줌으로 내보내지. 동물 세포에는 액포가 없거나, 혹시 있다 해도 크기가 아주 작단다."

"하긴 식물은 동물처럼 오줌을 누지 않죠?"

"그래. 너희도 오줌 누는 식물은 본 적 없지?"

"식물이 오줌을 누면 정말 웃길 것 같아요. 큭큭!"

"하하, 근데 액포 말고 식물 세포에만 있는 게 또 있어. 이걸 함께 살펴보자."

용선생은 화면을 바꿨다.

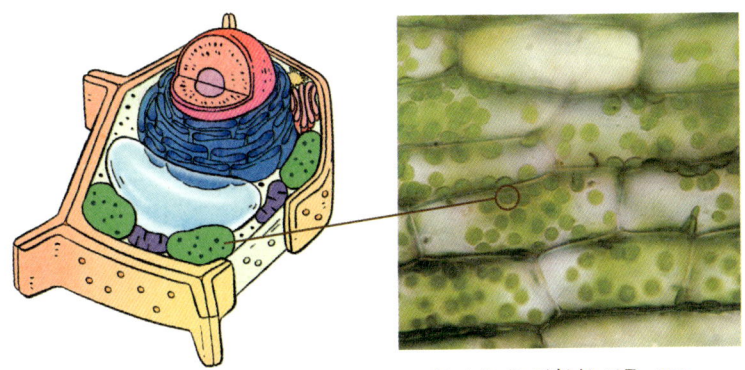

▲ 현미경으로 관찰한 식물 세포

"저 초록색 알갱이들은 뭐예요?"

"엽록체라고 하는 세포 소기관이야. 세포 하나에 많게는 100개까지도 있지. 엽록체는 안에 녹색 색소가 있어서 염색을 하지 않아도 잘 보인단다. 사실 식물의 몸이 녹색을 띠는 게 바로 엽록체 때문이야."

허영심이 손을 마주치며 말했다.

"아! 엽록체 때문에 식물이 녹색인 거였어요?"

"그래. 녹색을 띠는 엽록체에서는 아주 중요한 일이 일어나. 바로 광합성이지."

"광합성? 그게 뭔데요?"

"아까 동물은 먹이를 먹고 양분을 얻는다고 했지? 이와 달리 식물은 햇빛을 받아 엽록체에서 스스로 양분을 만들어. 이걸 광합성이라고 해."

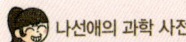 나선애의 과학 사전

광합성 빛 광(光) 합할 합(合) 이룰 성(成). 식물이 빛을 이용해 화학 반응을 일으켜서 양분을 만드는 걸 말해.

"식물이 스스로 양분을 만든다고요?"

"그래. 식물은 세포 속에 있는 엽록체에서 광합성을 통해 만들어 낸 양분으로 살아가는 거야."

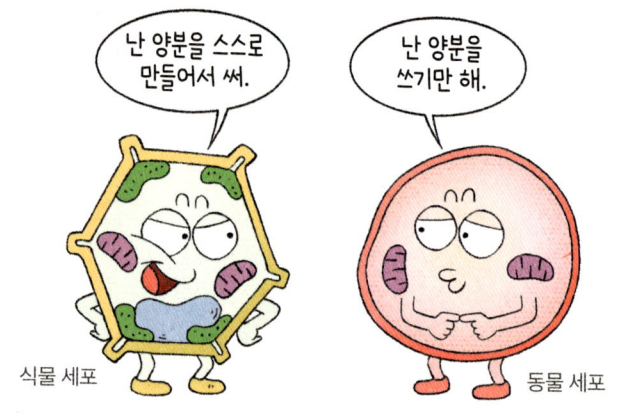

식물 세포   동물 세포

식물 세포에는 동물 세포에 없는 액포와 엽록체가 있어. 액포에는 물, 양분, 노폐물 등이 저장돼. 엽록체는 햇빛을 받아 광합성을 하여 양분을 만들어.

 **동물 세포와 식물 세포 구분하기**

장하다가 용선생에게 말했다.

"그러면 산호의 세포에 액포와 엽록체가 있는지 없는지 빨리 확인해 봐요!"

"하하, 그 전에 하나만 더 살펴보자. 식물 세포에만 있는 게 또 있거든."

"또요? 그게 뭔데요?"

"너희도 이미 봤을 텐데, 바로 세포벽이야."

"세포벽은 효모나 세균에 있는 거 아니에요?"

"맞아. 세포벽은 식물에도 있어. 효모나 세균의 세포벽처럼 식물의 세포벽도 세포막 바깥을 튼튼하게 둘러싸고 있단다. 물론 세포벽을 이루는 물질의 성분이 조금 다르긴 하지."

"어떻게 다른데요?"

"식물의 세포벽은 실처럼 생긴 섬유소라는 물질이 여러 방향으로 얽혀 있는 구조로, 매우 튼튼해. 세포가 죽어서 없어져도 세포벽은 남아 있을 정도로 튼튼하고 질기지. 사진을 보렴."

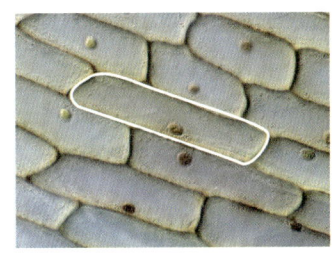

▲ 식물 세포를 둘러싼 세포벽

용선생의 과학 현미경

로버트 훅이 현미경으로 코르크를 관찰하면서 세포라고 생각했던 것은 사실 식물 세포가 죽고 남은 세포벽이야.

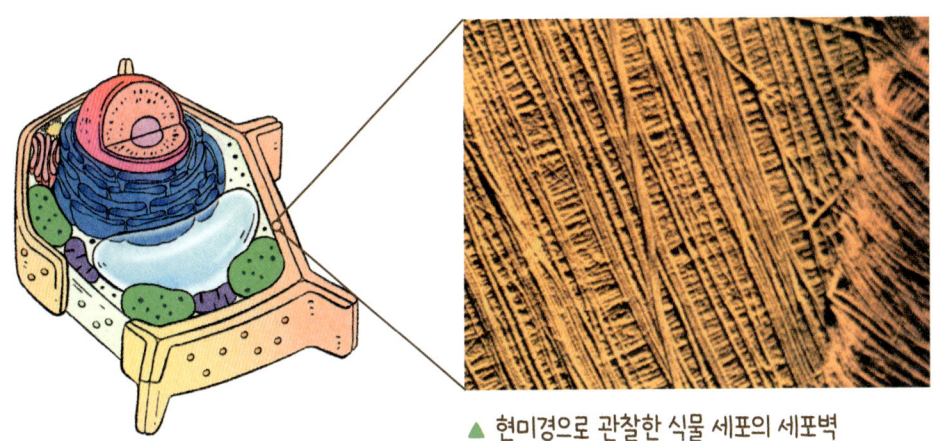

▲ 현미경으로 관찰한 식물 세포의 세포벽

"우아! 식물의 세포벽이 꼭 촘촘하게 짠 바구니같이 생겼어요."

허영심의 말에 용선생이 손가락을 딱 튕겼다.

"오호, 좋은 비유야. 세포벽이 있는 세포는 바구니에 담긴 풍선과 같지. 풍선에 계속 물을 넣는다고 해 보자. 그 풍선이 바구니에 담겨 있는 경우와 그냥 바닥에 놓여 있는 경우에 각각 어떻게 될까?"

"글쎄요. 아무것도 없으면 풍선이 계속 커지다 결국 터질 것 같은데, 바구니에 들어 있으면 터지진 않을 것 같아요."

"맞아. 만약 세포벽이 없는 세포에 물이 계속 들어오면 세포가 커지다가 세포막이 못 견디고 터질 거야."

"헉! 세포가 풍선처럼 터진다고요?"

"응. 하지만 세포벽이 있는 세포는 팽팽해졌을 때 더 이상 물이 들어오지 못해서 터지지 않아. 식물 세포는 세포벽 덕분에 터지지 않고 유지된단다."

튼튼한 세포벽이 세포를 지켜 주는군!

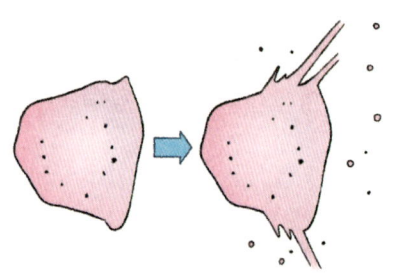

▲ **세포벽이 없는 경우** 물이 계속 들어오면 세포가 커지다가 터져.

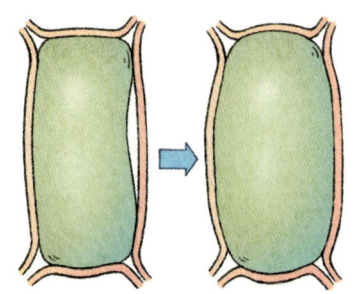

▲ **세포벽이 있는 경우** 세포에 물이 꽉 차서 팽팽해지면 더 이상 물이 들어오지 않아.

나선애가 필기를 멈추고 용선생에게 물었다.

"그럼 동물 세포에만 있는 세포 소기관은 없어요?"

"있어! 바로 중심체와 리소좀이야. 이 세포 소기관들은 동물 세포에만 있고 식물 세포에는 거의 없어. 게다가 아주 작아서 고배율 현미경으로 봐야만 보이지."

"그럼 어서 산호의 세포를 살펴봐요! 세포에 세포벽이나 엽록체, 액포가 있는지 없는지 찾아보면 산호가 동물인지 식물인지 알 수 있겠네요!"

"그래. 산호의 세포를 보고 직접 찾아보렴."

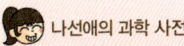 나선애의 과학 사전

중심체 세포가 둘로 나뉘는 과정을 조절하는 세포 소기관으로, 동물 세포에만 있어.

리소좀 세포 속에 있는 노폐물이나 외부 물질을 작게 쪼개는 세포 소기관이야. 동물 세포에는 있지만 식물 세포에는 거의 없어.

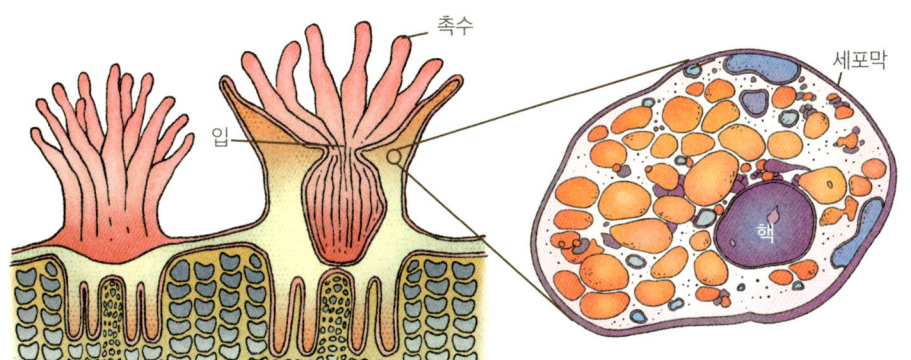

▲ 산호의 구조

▲ 현미경으로 관찰한 산호 세포

"세포벽이나 엽록체, 액포 같은 건 안 보이는데요?"

"그럼 설마 식물이 아니라 동물인가?"

"맞아! 산호는 다른 생물을 먹이로 잡아먹고 사는 동물

 용선생의 과학 현미경

1700년대 윌리엄 허셜이라는 과학자는 현미경으로 산호의 세포를 관찰하고 세포벽이 없다는 걸 확인했어. 그로써 산호가 식물이 아니란 사실을 밝혀냈지.

이란다. 동물 세포로 이루어져 있으니 세포벽이나 액포는 보이지 않아."

"거봐, 장하다. 내 말이 맞지?"

핵심정리

식물 세포에는 동물 세포에 없는 세포벽이 있어. 동물 세포에는 식물 세포에 없는 중심체와 리소좀이 있지.

 세포는 어떻게 우리 몸이 될까?

장하다가 풀 죽은 목소리로 말했다.

"산호가 동물이었다니……. 그러면 산호의 몸은 다 저런 세포로 이루어져 있나요?"

"하하, 산호의 모든 세포가 똑같이 생긴 건 아니란다. 지난 시간에도 말했듯이 생물의 몸 안에는 다양한 종류의 수많은 세포가 모여 있어."

"세포들이 어떻게 모여요?"

"먼저 같은 일을 하는 세포끼리 모여 덩어리를 이뤄. 이 덩어리를 조직이라고 해."

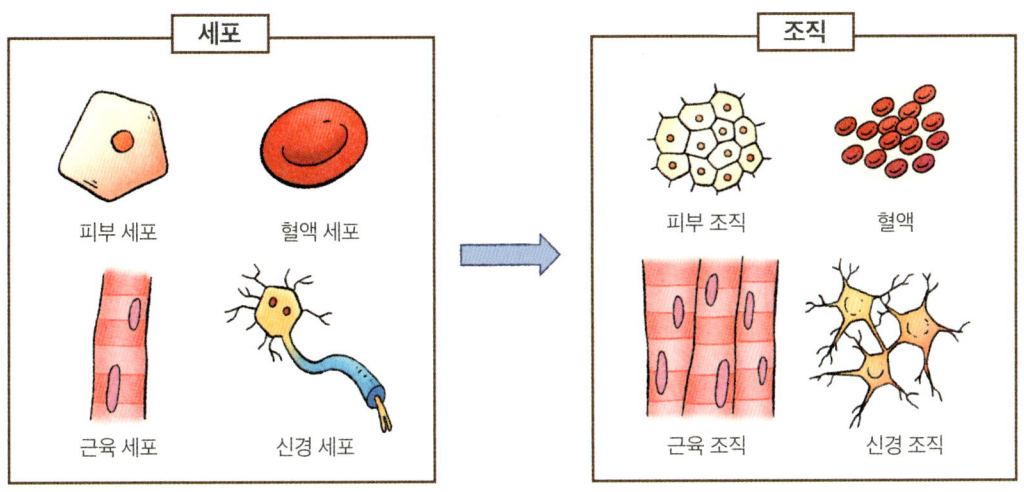

▲ 세포가 모여 조직이 돼.

"조직이요?"

"그래, 조직. 예를 들어 신경 세포가 모이면 신경 조직이 돼. 신경 세포는 세포 밖으로 끈적이는 물질을 내보내서 세포끼리 달라붙어. 이렇게 여러 개의 신경 세포와 주변 물질이 모여서 신경 조직이 되는 거야."

"오, 다 모이는 방법이 있구나."

"물론이지. 이러한 조직이 또 여러 개 모여서 일정한 형태를 이루면 뇌나 심장, 폐 같은 기관이 돼. 기관은 특정한 형태를 이루며 정해진 일을 맡아서 하는 부분이지."

"세포가 모여 조직이 되고, 조직이 모여 기관이 되네요."

"맞아. 기관들이 모이면 비로소 하나의 생물체가 돼. 사

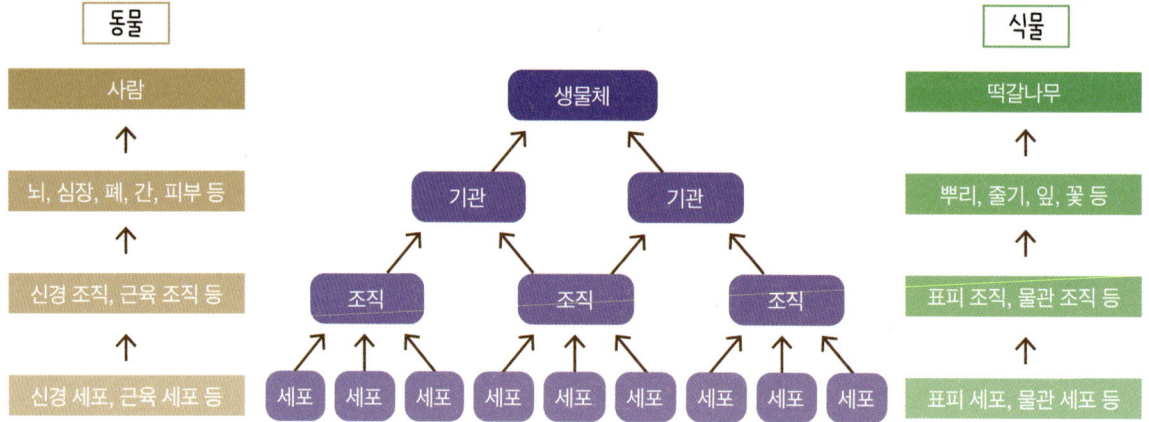

▲ 생물체의 구성 단계

람 한 명, 동물 한 마리, 나무 한 그루처럼 말이야."

왕수재가 손을 들고 용선생에게 물었다.

"선생님, 그럼 식물에는 어떤 기관이 있어요?"

"뿌리나 줄기, 잎, 꽃 같은 게 바로 식물의 기관이야."

"아, 그게 식물의 기관이구나!"

허영심이 환하게 웃으며 외쳤다.

"맞아. 동물과 식물은 몸의 구조부터 생명 활동을 하는 방식까지 아주 많이 달라. 세포의 구조가 다르기 때문에 이 모든 게 달라진 거야."

나선애가 노트에 필기를 하려다 머뭇거리며 말했다.

"조그만 세포가 다르다고 그렇게 크게 달라지나요?"

"물론이지! 다시 정리해 볼까? 식물은

세포에 엽록체가 있어서 스스로 양분을 만들어. 그래서 먹이를 찾아다닐 필요가 없고, 몸을 움직이거나 먹이를 소화시키는 기관도 없어. 또, 액포가 있어서 오줌을 눌 필요도 없지."

"그럼 동물은요?"

"동물은 세포에 엽록체가 없어서 스스로 양분을 만들 수 없잖니? 먹이를 먹고 양분을 얻어야 하지. 그래서 먹이를 찾는 눈, 코, 입 같은 기관, 먹이를 찾아 돌아다니는 다리 같은 기관, 먹이를 소화시키는 소화 기관이 있는 거야. 또, 오줌을 눠서 노폐물을 바로바로 내보내기도 하지."

그러자 나선애가 박수를 짝 치며 말했다.

"식물과 동물은 세포가 다르니까 모든 게 달라지는군요!"

"이 모든 게 세포 때문이었다니!"

장하다가 슬그머니 일어서며 말했다.

"흠, 산호를 다시 보러 가야겠어요. 같이 갈 사람?"

"좋아! 가서 먹을 간식은 내가 쏜다!"

"우아, 선생님 최고!"

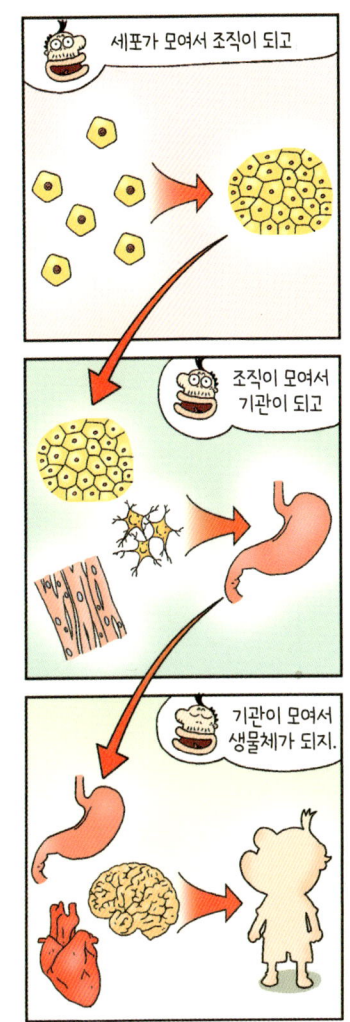

 **핵심정리**

세포가 모여 조직을 이루고, 조직이 모여 기관을 이루며, 기관이 모여 생물체를 이루어.

나선애의 정리노트

1. 식물 세포
① 식물의 몸을 이루는 세포
② 식물 세포에만 있는 세포 소기관
- ⓐ ☐ : 물, 양분, 노폐물을 저장하는 곳
- 엽록체: ⓑ ☐ 을 통해 양분을 만드는 곳
- ⓒ ☐ : 세포막 바깥을 둘러싼, 튼튼하고 두꺼운 막

2. 동물 세포
① 동물의 몸을 이루는 세포
② 식물 세포에는 없는 중심체와 리소좀이라는 세포 소기관이 있음.

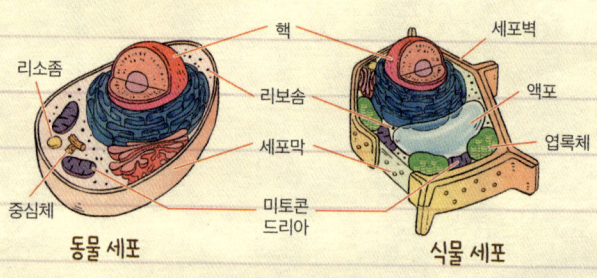

동물 세포 / 식물 세포

3. 생물체의 구성
① 세포들이 모여서 생물의 몸을 이룸.
② 세포 → ⓓ ☐ → 기관 → 생물체

ⓐ 액포 ⓑ 빛에너지 ⓒ 세포벽 ⓓ 조직

 **과학퀴즈 달인을 찾아라!**

●정답은 115쪽에

01

친구들이 이번 시간에 배운 내용에 대해 이야기하고 있어. 옳으면 O, 옳지 않으면 X를 표시해 줘.

① 식물 세포에는 액포가 있어. (   )

② 동물 세포에도 세균과 같이 세포벽이 있어. (   )

③ 산호는 식물 세포로 이루어져 있어. (   )

02

장하다가 미로를 통과하려고 해. 동물 세포에도 있고 식물 세포에도 있는 것만 따라가면 출구를 찾을 수 있대. 장하다에게 올바른 길을 알려 줘.

5교시 | 세포 분열

세포는 왜 조그마할까?

우아! 코끼리 가족이 이동한다!

어른 코끼리는 엄청 크고 새끼 코끼리는 조그매!

곽두기가 장하다에게 책에 나온 공룡을 보여 주며 말했다.
"하다 형! 이 공룡 좀 봐! 이렇게 큰 공룡 몸도 세포로 이루어졌겠지?"
"당연하지. 커다란 덩치에 어울리게 세포도 크고 멋질 거야."
"이 공룡에 비하면 내 세포는 엄청 작겠다."
용선생이 웃으며 다가와 말했다.
"공룡의 세포나 두기의 세포나 크기는 별 차이 없어. 다만 공룡이 두기보다 세포가 훨씬 많은 거지."
"공룡이 세포가 더 많다고요?"
"응. 세포가 많을수록 몸집이 커지거든."
그러자 허영심이 눈을 깜빡거리며 물었다.
"왜 세포가 커지는 게 아니라 많아져요? 커지면 안 되나요?"

세포 크기의 비밀을 밝혀라!

용선생은 아이들이 자리에 앉기를 기다려 말했다.

"자, 우리가 있는 과학실이 더 넓어진다고 상상을 해 보자. 지금보다 훨씬 큰 과학실에서 수업을 하면 어떨까?"

"이야, 넓어서 좋을 것 같아요! 축구해도 되겠다."

장하다가 신나서 말하자 나선애와 허영심이 연달아 말했다.

"어휴, 이거보다 커지면 뒷자리에선 선생님 목소리가 작게 들릴 거라고."

"수돗가에 손 닦으러 가기도 멀어지고."

그러자 용선생이 허허 웃으며 말했다.

"그래. 공간이 넓어지면 집중도 잘 안 되고 오가는 시간이 더 걸리지. 세포가 커져도 마찬가지야. 세포가 커서 핵이랑 세포막이 멀어지면 물질들이 오고 가는 데 시간이 오래 걸려. 그럼 결국 생명 활동도 지장을 받겠지."

"아, 그렇군요."

"이것 말고도 문제점이 또 있어. 그림을 볼까?"

용선생은 화면에 새로운 그림을 띄웠다.

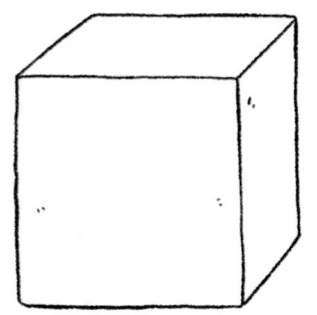 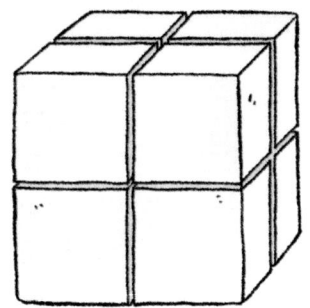 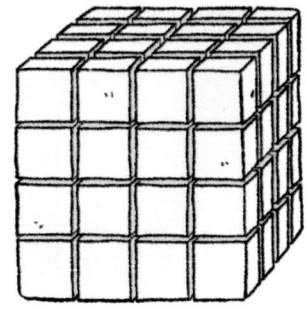

누가 누가 물에 제일 빨리 녹을까?

"자, 여기 똑같은 각설탕이 세 개 있어. 이 중 왼쪽 하나는 그대로 두고 오른쪽 두 개는 그림처럼 잘랐다고 하자. 어느 각설탕이 물에 가장 잘 녹을까?"

왕수재가 재빨리 손을 들고 대답했다.

"제일 오른쪽 각설탕이요. 잘게 잘라서 물에 금방 녹을 것 같아요."

"맞았어. 큰 덩어리 하나일 때보다 작은 덩어리 여러 개일 때 설탕이 더 빨리 녹지. 조각이 작을수록 물을 잘 흡수하고 빨리 녹거든."

"왜요?"

"그림을 보며 상상해 보렴. 왼쪽 각설탕은 커다란 여섯 개의 면만 물에 닿겠지만, 오른쪽 각설탕은 잘린 면 사이사이까지 물이 들어와서 물에 닿는 면이 훨씬 넓어질 거야."

"아, 그러네요."

"각설탕을 세포라고 생각하면, 물에 닿는 면이 세포막에 해당해. 세포가 생명 활동을 하려면 세포막을 통해 물질이 드나들어야 하고, 그러려면 세포들의 세포막 넓이를 모두 합친 전체 겉넓이가 넓을수록 유리해. 작은 세포가 많이 있는 경우와 큰 세포가 조금 있는 경우 중 어느 쪽이 유리할까?"

"아주아주 작은 세포가 아주아주 많이 있는 경우가 제일 좋겠네요. 세포막 전체 겉넓이가 그만큼 넓으니까요."

허영심의 말에 왕수재가 퉁명스레 대꾸했다.

"그래도 너무 작으면 곤란하지 않을까? 교실도 너무 좁으면 책상을 다 놓기도 힘들잖아."

"수재 말이 맞아. 핵과 세포 소기관이 있을 자리도 필요하고, 세포 안에서 여러 가지 물질이 오가야 하니까 너무 작아도 안 되지. 지금의 세포 크기가 딱 적절하단다."

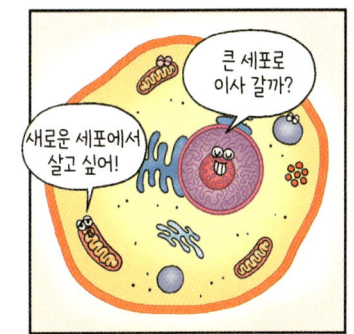

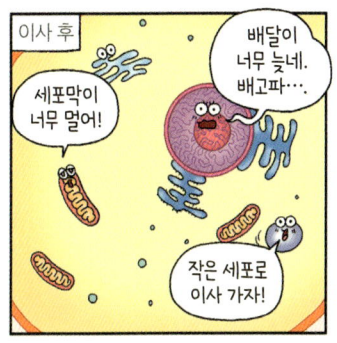

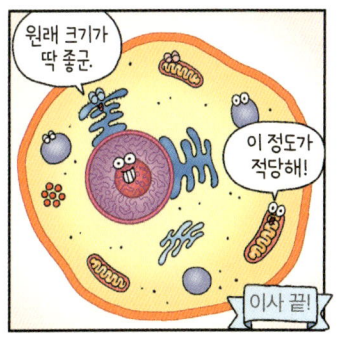

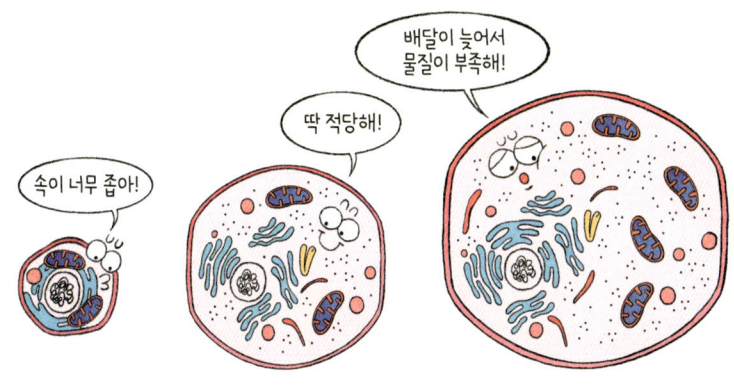

세포는 생명 활동을 하기에 가장 적절한 크기야. 세포가 너무 크거나 작으면 생명 활동이 잘 일어나기 힘들어.

세포는 어떻게 많아질까?

왕수재가 손을 들고 물었다.

"크기가 큰 동물은 세포 수가 많다고 하셨죠? 어떻게 하면 세포 수가 많아져요?"

"아주 간단해. 세포 하나가 나뉘어서 둘이 되면 돼."

"정말 간단하네요."

"하하, 이걸 세포 분열이라고 해. 세포가 계속 분열하면서 세포 수가 늘어나지."

"세포가 어떻게 분열해요? 어느 날 갑자기 나뉘나요?"

"다 과정이 있지. 세포가 분열하는 데에는 하루 정도 걸려. 그중 분열을 준비하는 기간을 '간기'라고 하고, 실제로 둘로 쪼개지는 기간을 '분열기'라고 해. 간기와 분열기를 거쳐 한 번의 세포 분열이 이루어지는 거지. 화면을 보렴."

곽두기의 낱말 사전

분열 나눌 분(分) 찢을 열(裂). 하나이던 것이 갈라져 나뉘어서 여럿이 되는 것을 뜻해.

용선생의 과학 현미경

세포의 종류에 따라 분열하는 데 걸리는 시간은 차이가 있어. 대체로 동물 세포와 식물 세포는 하루 정도면 분열해.

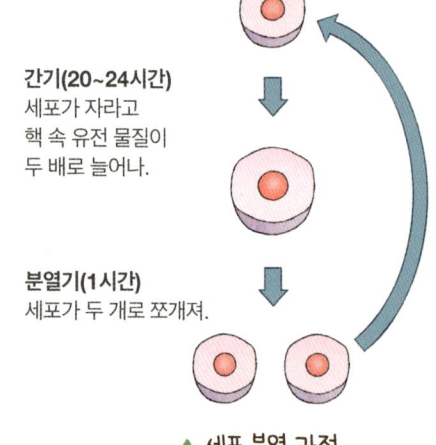

간기(20~24시간)
세포가 자라고 핵 속 유전 물질이 두 배로 늘어나.

분열기(1시간)
세포가 두 개로 쪼개져.

▲ 세포 분열 과정

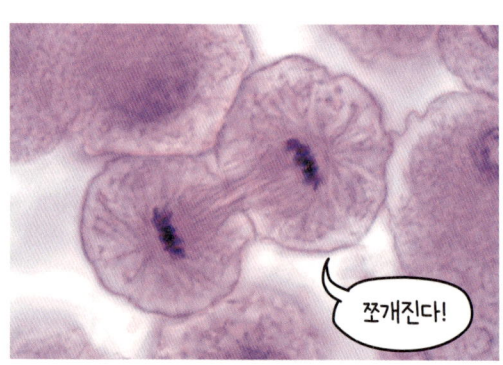

▲ 분열기에 세포가 쪼개지는 모습

"헉! 분열을 준비하는 데 24시간이나 걸려요? 왜 이렇게 오래 걸려요?"

"이 시간 동안 세포가 크게 자라거든. 두 개의 세포가 나뉘 가질 수 있게 모든 게 많아져야 하니까 말이야. 물론 핵 속에 있는 유전 물질도 두 배로 많아져야 하지."

"실제로 분열하는 시간은 짧네요."

"응. 세포가 커졌으면 쪼개지는 건 금방이야. 한 시간 만에 두 개로 나뉘지. 이렇게 쪼개지고 쪼개지고 하며 세포 수가 늘어난단다."

▲ 세포 분열

"세포 하나가 둘이 되고, 둘이 넷이 되고, 넷이 여덟이 되고……. 세포 분열을 계속하면 세포가 어마어마하게 많아지겠네요."

"그렇지. 다세포 생물은 세포가 많아지면서 몸이 크게 자라는 거야."

그때 장하다가 턱을 매만지며 물었다.

"그럼 단세포 생물은 달라요?"

"세균 같은 단세포 생물은 몸이 세포 하나로 되어 있다고 했지? 그래서 세포 분열을 하면 세포 수가 늘어나고, 결국 생물의 수가 늘어난단다."

> **용선생의 과학 현미경**
>
> 세균처럼 세포 구조가 단순한 단세포 생물은 세포가 분열하는 데 걸리는 시간도 짧아. 대장균의 경우 20분이면 세포 분열이 끝나.

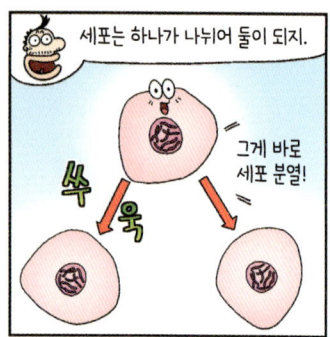

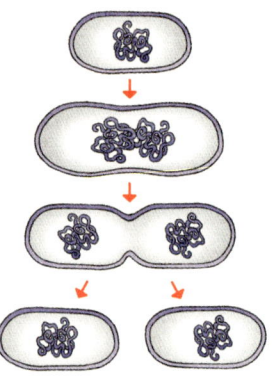

세균의 세포 분열 과정

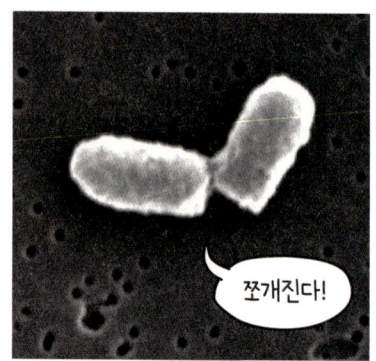

세포 분열 중인 대장균

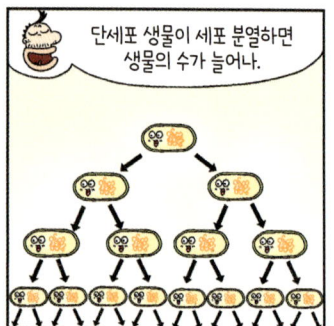

▲ 단세포 생물은 세포가 분열하면 생물의 수가 늘어나.

"아, 그래서 세균이 빨리 퍼진다고 하는 거구나."

곽두기가 불쑥 말했다.

"선생님, 제 몸에서도 세포 분열이 일어나고 있나요? 저는 빨리 자라서 몸이 커지면 좋겠거든요."

"하하, 너희들은 한창 자랄 나이라서 몸에서 세포 분열이 활발히 일어나며 세포 수가 늘어나고 있단다."

"그럼 선생님은 어른이라 몸이 다 자랐으니까 몸에서 세포 분열이 안 일어나겠네요?"

"아니! 선생님 몸에서도 세포가 분열하고 있는데?"

>  핵심정리
>
> 세포 하나가 둘로 나뉘는 걸 세포 분열이라고 해. 세포 분열을 통해 다세포 생물은 몸이 자라고, 단세포 생물은 수가 늘어나.

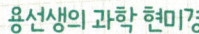 용선생의 과학 현미경

세포가 둘로 나뉠 때 어떤 일이 일어날까?

세포는 간기에 커지고 분열기에 두 개의 세포로 나뉜다고 했지? 분열기에는 짧은 시간 동안 세포 안에서 많은 일이 일어나. 무슨 일이 일어나는지 그림으로 함께 살펴보자.

좀 더 자세히 들여다볼까?

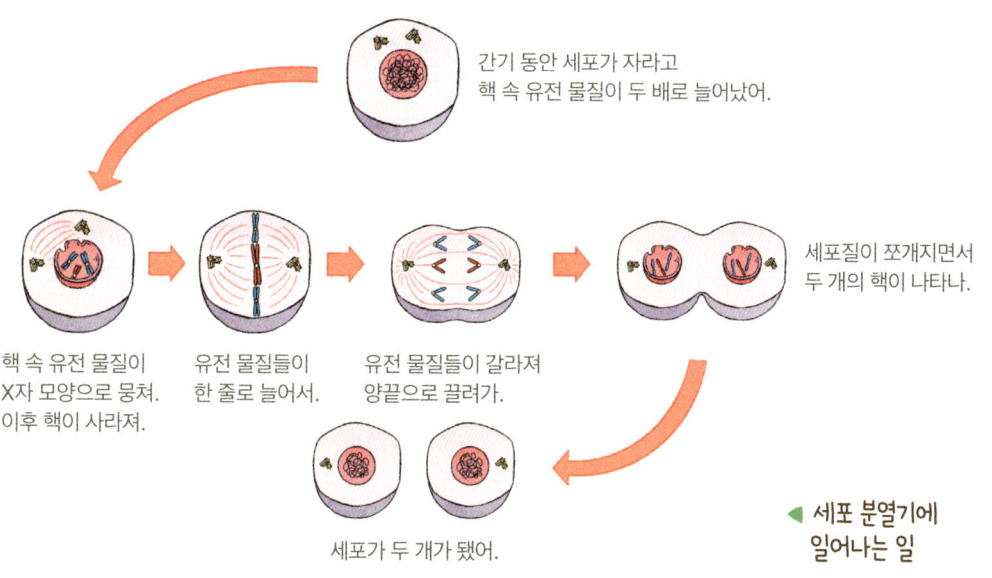

간기 동안 세포가 자라고 핵 속 유전 물질이 두 배로 늘어났어.

핵 속 유전 물질이 X자 모양으로 뭉쳐. 이후 핵이 사라져.

유전 물질들이 한 줄로 늘어서.

유전 물질들이 갈라져 양끝으로 끌려가.

세포질이 쪼개지면서 두 개의 핵이 나타나.

세포가 두 개가 됐어.

◀ 세포 분열기에 일어나는 일

새로운 세포를 만들어 내는 세포는?

"네? 다 큰 어른 몸에서 왜 세포가 분열해요?"

"세포가 영원히 사는 건 아니거든. 세포도 정해진 기간

세포 종류	사는 기간
위 세포	5일
피부 세포	30일
혈액 세포	120일
간 세포	1년
지방 세포	8년

▲ 우리 몸의 세포가 사는 기간

을 살고 죽어. 이렇게 죽은 세포를 대신하거나 몸에 상처가 나서 망가진 세포를 대신하려면 새로운 세포가 필요해. 그래서 세포가 분열해 새로운 세포를 만든단다."

왕수재가 고개를 끄덕이며 말했다.

"아하, 몸이 자라려고 하는 게 아니라 없어진 세포를 대신하기 위해 분열하는 거네요?"

"맞아. 몸을 그대로 유지하기 위해서이지. 그런데 이거 아니? 세포 중에는 세포 분열을 전문적으로 하는 세포가 있다는 거?"

"그럼 다른 일은 안 하고 분열만 해요?"

"그래. 이러한 세포를 줄기세포라고 해. 줄기세포는 자신과 똑같은 세포를 만들 수도 있고, 다른 종류의 새로운 세포를 만들 수도 있어."

"똑같은 세포는 이해가 되는데, 다른 종류의 세포도 만들어요?"

"그렇단다. 몸에서 새로운 세포가 필요하다는 신호가 오면 줄기세포가 분열해서 새로운 종류의 세포 하나와 또 다른 줄기세포 하나를 만들어."

"오오……!"

"이러한 줄기세포는 생물의 몸을 건강하게 유지

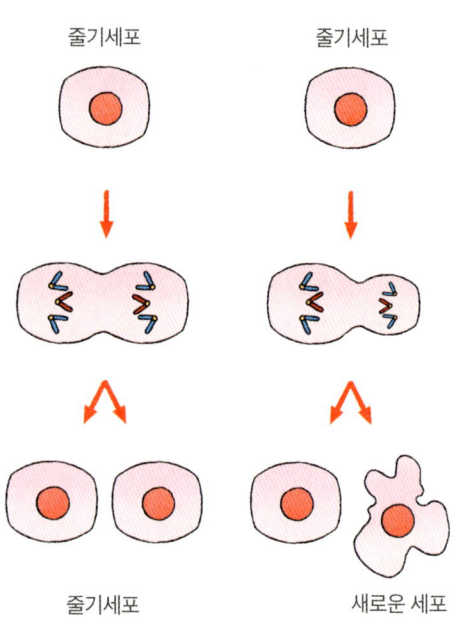

▲ 줄기세포는 분열하여 새로운 세포를 만들어.

하는 데 꼭 필요하지. 줄기세포 중에 성체 줄기세포라는 세포는 몸 곳곳에서 서로 다른 세포를 만든단다."

"성체 줄기세포라는 게 있군요. 근데 몸 곳곳에서 서로 다른 세포를 만든다는 게 무슨 말이에요?"

"조직에 따라 성체 줄기세포의 종류가 다르다는 뜻이야. 피부에는 피부 줄기세포가 있고, 근육에는 근육 줄기세포가 있는 식으로 말이지."

"아하, 한 가지 성체 줄기세포가 모든 세포를 다 만드는 게 아니었군요?"

"맞아. 신경 줄기세포는 신경 세포를 만들고, 혈액 줄기세포는 혈액 세포를 만들어. 뼈에도 뼈세포를 만드는 뼈 줄기세포가 있고 말이야."

 용선생의 과학 현미경

성체란 원래 완전히 자란 생물의 몸이라는 뜻이야. 성체 줄기세포에서 뜻하는 성체는 뇌, 피부, 뼈, 근육 같은 각 부분이 정해진 일을 하도록 다 자란 몸을 말해.

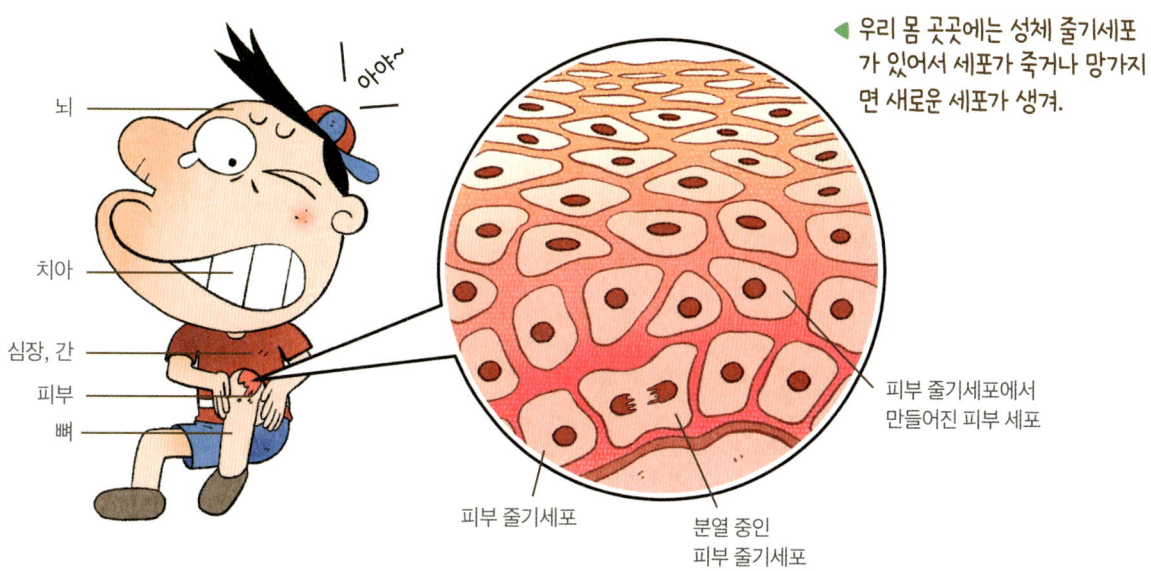

◀ 우리 몸 곳곳에는 성체 줄기세포가 있어서 세포가 죽거나 망가지면 새로운 세포가 생겨.

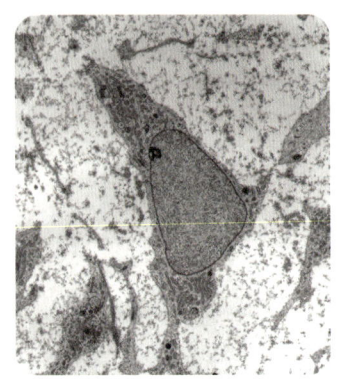

▲ 뼈세포를 만드는 성체 줄기세포

"우아! 뼈에도 세포가 있어요?"

"물론이지. 그러니 뼈가 튼튼하게 자라지."

허영심이 눈을 반짝거리며 물었다.

"선생님! 그럼 피부 줄기세포가 있으니까 제 피부는 영원히 건강하겠죠?"

"안타깝게도 그건 아니야. 성체 줄기세포는 몸속에 아주 조금 있고, 세포 분열을 하는 횟수도 정해져 있어. 성체 줄기세포가 세포 분열을 더 이상 못 하면 망가지거나 죽은 세포를 대신할 세포가 없어져. 그래서 몸속 조직이나 기관

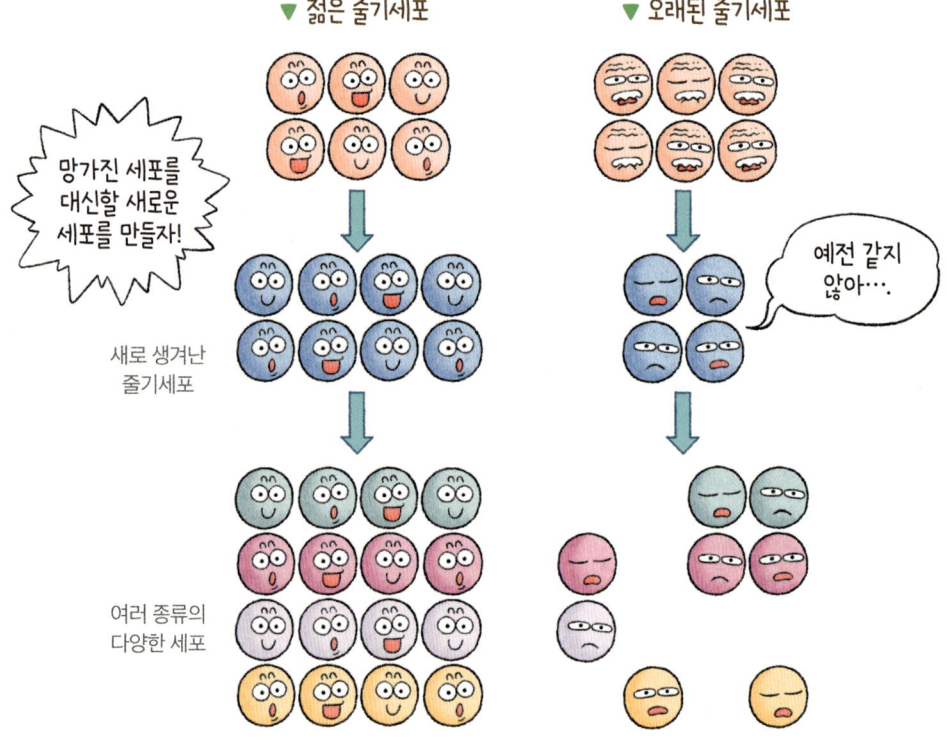

은 그 기능을 차차 잃게 돼."

"그럼 어떻게 돼요?"

"몸이 아프거나 늙게 되지."

용선생이 고개를 끄덕이자 왕수재가 툴툴거렸다.

"정말 안타깝네요. 줄기세포만 계속 멀쩡하면 아프지도 늙지도 않을 텐데……."

"과학자들도 줄기세포를 이용하여 병을 치료하고 더 오래 살 수 있는 방법을 연구하고 있단다."

장하다가 벌떡 일어나며 말했다.

"그런 날이 빨리 왔으면 좋겠어요. 그럼 난 200살까지 살아야지! 그때까지 건강하려면 열심히 운동해야겠네요. 누구 축구하러 갈 사람?"

"오, 축구? 선생님도 하고 싶은데……. 나도 같이 하면 안 될까?"

"선생님은 어른이잖아요. 우리가 너무 불리하다고요."

"끙……. 대신 축구 끝나고 시원한 음료수 사 줄게."

"히히, 좋아요! 어서 가요!"

핵심정리

세포 분열을 통해 새로운 종류의 세포를 만드는 세포를 줄기세포라고 해. 성체 줄기세포는 조직에 따라 종류가 달라.

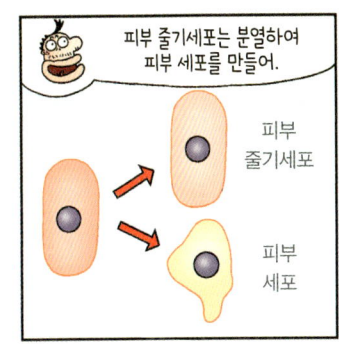
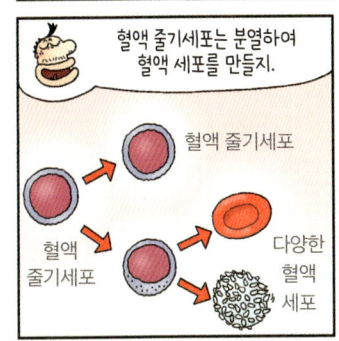

나선애의 정리노트

1. 세포의 크기와 기능
① 생물의 세포 수가 많을수록 몸이 크고, 적을수록 몸이 작음.
② 세포가 너무 크거나 작으면 ⓐ _____ 이 원활하게 일어나기 힘듦.

2. ⓑ _____
① 세포 하나가 나뉘어 두 개가 되는 과정

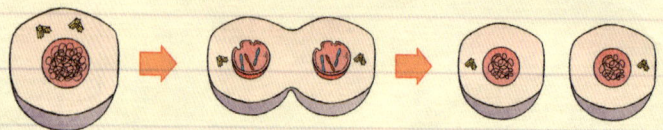

② ⓒ _____ 은 세포 분열하여 수가 늘어남.
③ 다세포 생물은 세포 분열하여 몸이 자람.

3. ⓓ _____
① 분열하여 새로운 종류의 세포를 만드는 세포
② 성체 줄기세포: 조직에 따라 서로 다른 종류의 세포를 만듦.
   예) 피부 줄기세포, 근육 줄기세포, 신경 줄기세포, 혈액 줄기세포 등

ⓐ 물질 교환 ⓑ 세포 분열 ⓒ 단세포 생물 ⓓ 줄기세포

과학퀴즈 - 달인을 찾아라!

●정답은 115쪽에

01

친구들이 이번 시간에 배운 내용에 대해 이야기하고 있어. 옳으면 O, 옳지 않으면 X를 표시해 줘.

① 살아 있는 생물의 몸에서는 끊임없이 세포 분열이 일어나. (   )
② 세포 분열 과정에서 간기보다 분열기가 오래 걸려. (   )
③ 줄기세포는 분열하여 새로운 세포를 만들어. (   )

02

다음 보기 의 문장 속 괄호에 들어갈 말을 아래의 네모칸에서 찾아 동그라미로 표시해 줘. 정답은 가로, 세로, 대각선으로 찾으면 돼.

보기

세포는 (   )에 크게 자라.
이때 핵 속의 (   )이 두 배가 되지.
이후 세포가 둘로 쪼개지는데, 이 기간을 (   )라고 해.

중	간	기	차	역
미	신	체	주	유
분	배	영	화	전
수	열	전	지	물
대	형	기	구	질

용선생의 과학 카페 | 용선생의 한국사 카페 | 용선생의 세계사 카페

← https://cafe.naver.com/yongyong

용선생의 과학 카페

과학계의 핵인싸,
용선생의 과학 카페에
오신 걸 환영합니다.

Log in

MENU

물리면 아프다
화학이 화하하
생물 오징어
지구는 둥글다

무엇이든 될 수 있는 만능 줄기세포는?

성체 줄기세포는 피부 세포나 근육 세포처럼 정해진 종류의 세포만 만들 수 있어. 그런데 몸을 이루는 어떤 종류의 세포도 모두 만들 수 있는 만능 줄기세포가 있다는 거 아니? 이 놀라운 줄기세포에 대해 차근차근 알아보자.

자손을 만들 때에는 암컷과 수컷이 각각 만든 세포가 만나 수정이 일어나. 그러면 수정란이라는 하나의 세포가 돼. 수정란은 4~5일 동안 세포 분열을 계속해서 100여 개의 세포 덩어리가 되는데, 이걸 배아라고 해. 배아가 세포 분열을 계속하면서 다양한 세포를 만들고, 이렇게 만들어진 세포들이 조직과 기관을 이루며 태아가 되지. 앞에서 세포 분열을 통해 새로운 종류의 세포를 만드는 게 줄기세포라고 했지? 그래서 배아에서 얻은 세포를 배아 줄기세포라고 불러.

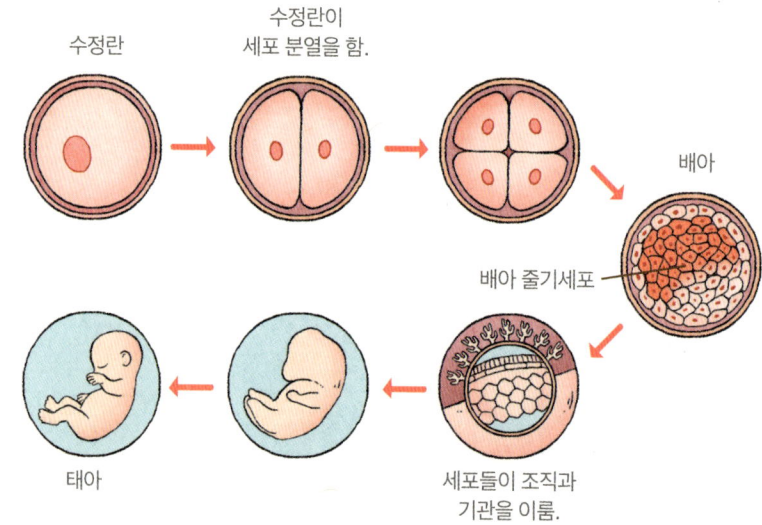

▲ 수정란이 태아로 자라는 과정

과학자들이 배아 줄기세포를 떼어 내서 실험실에서 키웠더니 세포들은 계속 분열했고 조건에 따라 다양한 종류의 세포를 만들어 냈어. 알고 보니 배아 줄기세포는 혈액, 뼈, 피부, 심장 등 몸을 이루는 모든 세포를 만들 수 있었어! 그래서 배아 줄기세포를 무엇이든 가능한 세포라는 뜻으로 만능 줄기세포라고도 하지.

배아 줄기세포는 주로 질병을 치료하기 위한 연구에 이용돼. 한번은 배아 줄기세포에서 심장 근육 세포를 만들어 낸 다음, 이 세포를 심장병에 걸린 원숭이의 심장에 넣었더니 정상적인 심장 근육이 만들어졌다고 해. 사람의 배아 줄기세포로 사람이 아닌 원숭이의 심장병을 치료한 거야. 그 정도로 배아 줄기세포는 어떤 세포든 만들 수 있다는 것이지. 정말 놀랍지 않니?

장하다의 오답을 피하는 방법
나선애의 야무진 실험실
왕수재의 아는 척 과학교실
허영심의 별 헤는 밤
곽두기의 빅뱅 따라잡기

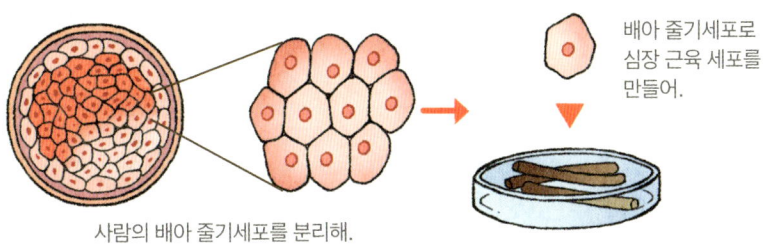

사람의 배아 줄기세포를 분리해.

배아 줄기세포로 심장 근육 세포를 만들어.

원숭이 심장에 근육 세포를 넣어.

▲ 사람의 배아 줄기세포로 원숭이의 심장병을 치료하는 과정

COMMENTS

 배아가 실험실에서 줄기세포로 쓰이면 아기가 안 되겠네?
└ 헉! 정말 그러네!
└ 그런 문제가 있어서 다른 만능 줄기세포도 만들고 있어.
└ 다행이에요~

6교시 | 우리 몸의 세포

우리 몸에는 어떤 세포들이 있을까?

으악! 저것들 다 뭐야?

우린 지금 혈액 속에 있어. 저게 다 세포래!

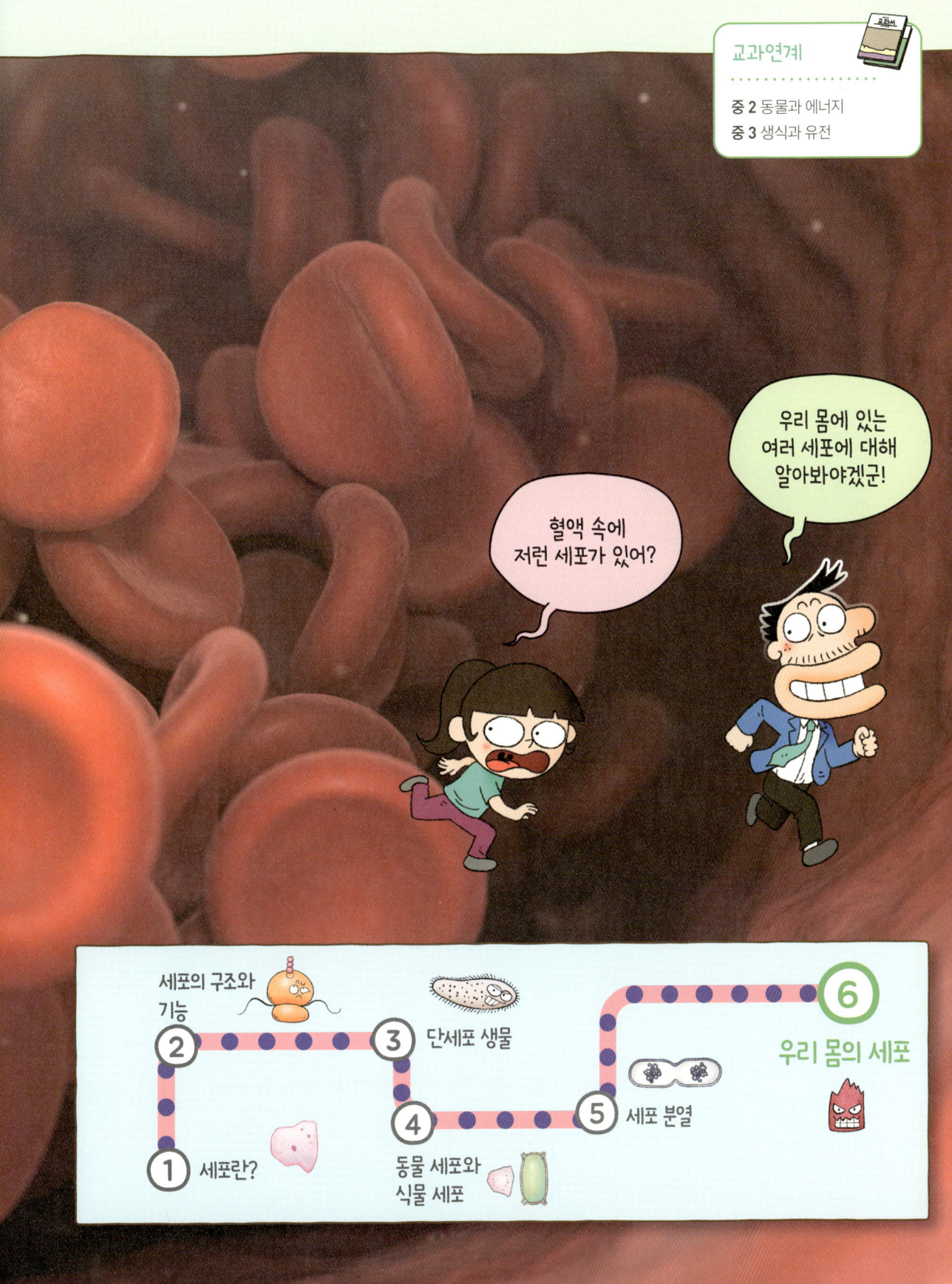

"얘들아, 빨리 와서 이거 봐."

장하다가 과학실 칠판에 쓰인 숫자를 가리키자 아이들이 모였다.

"으으, 숫자에 0이 도대체 몇 개야?"

그러자 왕수재가 재빨리 대답했다.

"4에 0이 13개 붙어 있잖아. 그런데 이걸 누가 왜 써 놓은 거지?"

용선생이 껄껄 웃으며 아이들에게 다가왔다.

"하하, 내가 써 놓았지. 그건 40조라는 숫자야. 1억의 40만 배나 되는 수지. 저건 우리 몸에 있는 세포의 수란다."

아이들은 눈을 크게 뜨고 외쳤다.

"헉! 세포가 40조 개라고요?"

"평생 동안 세도 다 못 세겠어요!"

"우리 몸에 어떤 세포가 저렇게 많이 있는지 알아볼까?"

 ## 산소를 배달하는 세포는?

아이들이 자리에 앉자 용선생이 말을 이었다.

"우리 몸의 세포는 개수도 많지만 종류도 많아. 무려 200가지가 넘지."

"200이요? 그래도 40조에 비하면 적네요."

"하하, 그래. 200가지가 넘는 세포 중 우리 몸에서 가장 많은 세포는 바로 '적혈구'라는 혈액 세포란다. 적혈구는 무려 30조 개가 넘어!"

"우아! 40조 개 중에 30조 개가 넘는다니 정말 많네요!"

"맞아. 혈액이 왜 붉은색인지 아니?"

"어……. 글쎄요?"

"바로 적혈구 때문이야. 적혈구에 붉은색을 띠는 물질이 들어 있거든. 혈액을 이루는 적혈구는 혈관을 통해 온몸 구석구석을 돌아다니며 세포들에게 산소를 운반해 준단다."

 용선생의 과학 현미경

적혈구에 있는 헤모글로빈이라는 단백질이 산소와 결합하여 붉은색을 띠어.

산소는 세포 소기관인 미토콘드리아에서 에너지를 만들 때 필요해.

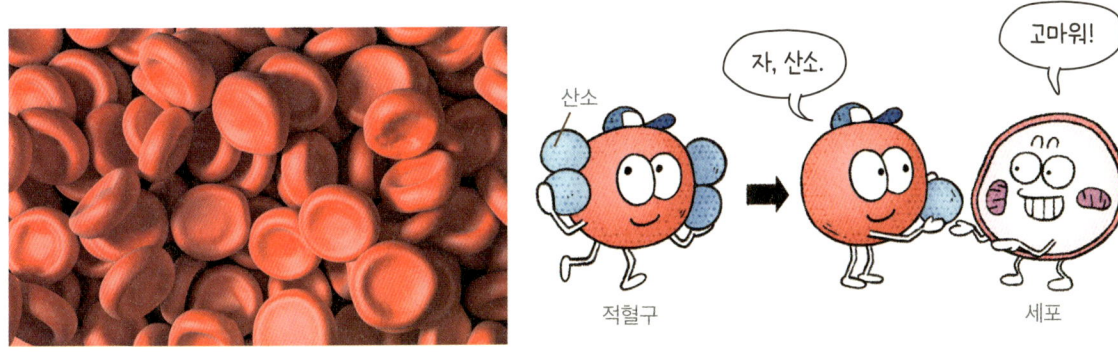

▲ **적혈구** 붉은색을 띠고 오목하게 파인 원반처럼 생겼어. 혈관을 통해 온몸의 세포로 산소를 운반해.

"온몸 구석구석까지 돌아다녀야 하니까 적혈구가 그렇게 많은 거예요?"

"하하, 맞아. 그리고 지난번에 배운 것처럼 뼈에도 세포가 있지."

"근데요, 뼈는 딱딱한데 그것도 세포예요?"

"아니. 뼈의 딱딱한 부분은 세포가 아니야. 뼈를 만드는 뼈세포가 내보낸 물질이 단단하게 굳은 것이 뼈이지."

"아, 세포가 내보낸 물질이 굳어서 뼈가 되는군요."

"응. 뼈세포는 아주 바쁘단다. 끊임없이 새로운 뼈를 만들어야 하거든. 뼈세포는 오래된 뼈를 부숴서 흡수하고, 그 물질을 이용해 다시 새로운 뼈를 만들지."

허영심이 자기 팔을 만지면서 말했다.

"선생님, 그럼 겉에 있는 피부는요?"

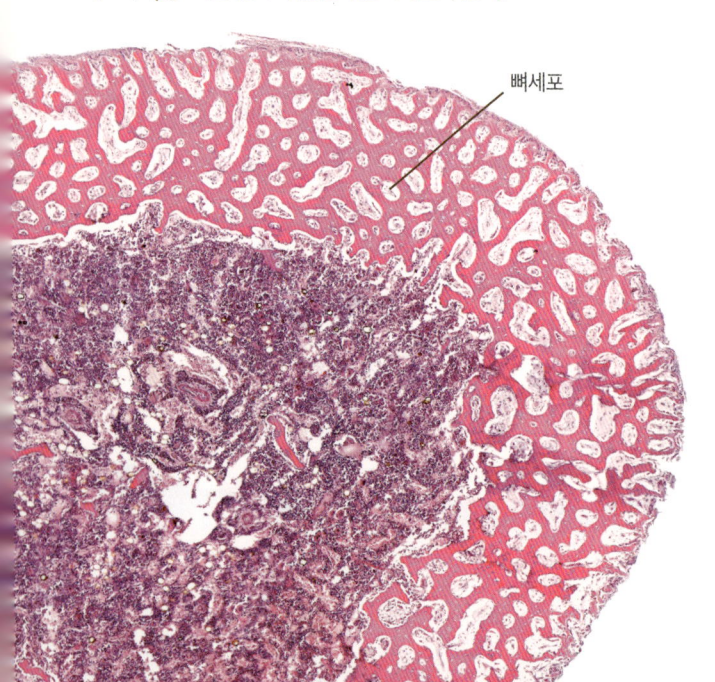

▼ 뼈세포 뼈를 잘라서 관찰하면 뼈세포가 보여.

뼈세포

▲ 뼈세포는 뼈를 만들기도 하고 오래된 뼈를 부수기도 해.

"피부는 우리 몸을 둘러싸며 몸 안을 보호하는 조직이야. 피부 세포를 상피 세포라고도 불러."

"상피 세포요?"

"응. 상피 세포는 몸의 어느 곳에 있는지에 따라 하는 일이 조금씩 달라. 혀에 있는 상피 세포는 음식에 있는 물질을 감지해 맛을 느끼고, 손이나 머리에 있는 상피 세포는 단백질로 손톱이나 머리카락을 만들기도 하지. 손톱이나 머리카락은 단백질로 이루어져 있거든."

"우아! 상피 세포가 손톱이랑 머리카락도 만드는군요?"

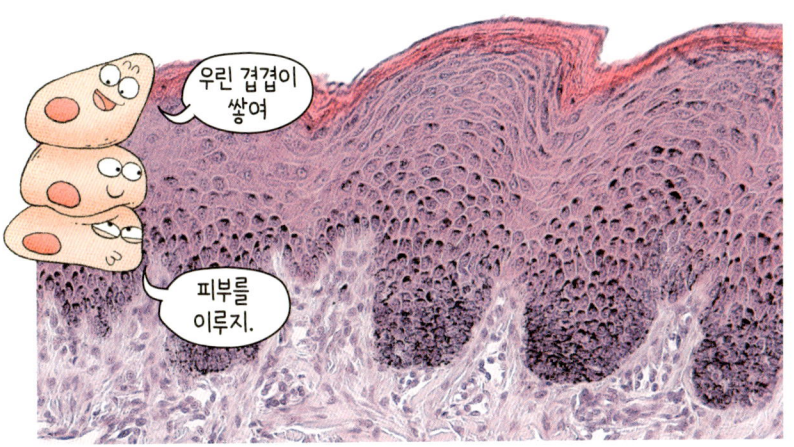

▲ **상피 세포** 상피 세포가 겹겹이 쌓여 피부를 이루어. 피부 일부를 잘라서 관찰하면 상피 세포가 여러 겹 쌓인 게 보여.

우리 몸에는 약 40조 개의 세포가 있어. 세포의 종류는 적혈구, 뼈세포, 상피 세포 등 200가지가 넘어.

세포 세상의 악당, 암세포

"자, 이제 조금 다른 세포에 대해 알아보려고 해. 너희 암이라고 들어 봤니?"

"엇, 그거 혹시 무서운 병 아니에요?"

"맞아. 들어 봤구나. 암은 암세포가 불어나서 걸리는 병이야."

그러자 장하다가 불쑥 말했다.

"암에 걸려서 죽는 사람이 많대요. 도대체 암세포는 어디서 오는 거예요?"

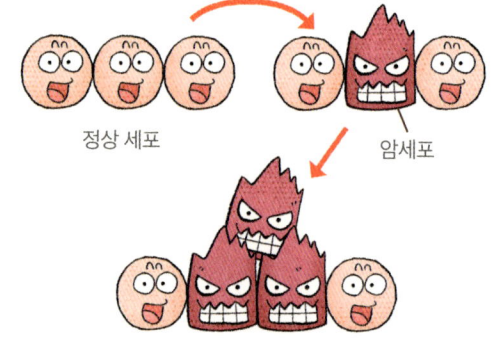

정상 세포   암세포

"암세포는 우리 몸 밖에서 들어오는 게 아니라 우리 몸속에서 생기는 세포란다."

"암세포가 우리 몸속에서 생긴다고요?"

"응. 원래 멀쩡하던 정상 세포가 암세포로 변하는 거지."

"정말요? 세포가 무슨 변신 로봇도 아니고, 어떻게 암세포로 변해요?"

"차근차근 알아보자. 먼저 너희 '발암 물질'이라는 말 들어 봤니? 발암 물질은 암을 발생시키는 물질이란 뜻이야. 우리 주변엔 암을 일으킨다고 알려진 물질이 많은데, 이러

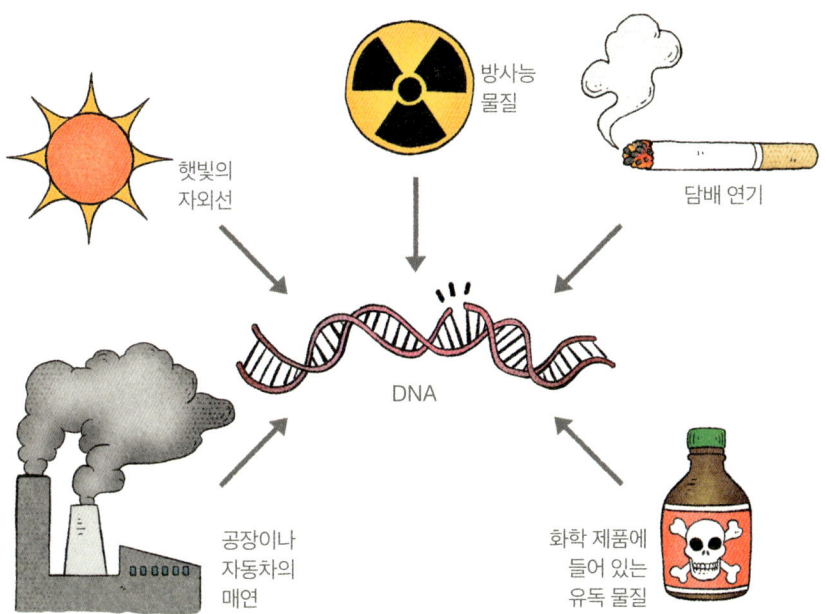

▲ 여러 가지 발암 물질 DNA를 망가뜨려서 돌연변이를 일으켜.

한 물질이 우리 몸의 세포와 계속해서 만나면 문제가 생겨."

"어떤 문제요?"

"세포의 핵 속에 있는 DNA가 망가지거나 정보가 바뀌는 거야. 이렇게 DNA가 변하는 것을 '돌연변이'라고 해."

곽두기가 눈을 크게 뜨며 물었다.

"돌연변이가 일어나면 어떻게 돼요?"

"돌연변이가 조금 일어날 때에는 세포 스스로 고칠 수 있어. 하지만 발암 물질이 계속해서 돌연변이를 일으키면 세포도 더 이상 감당할 수 없지."

"그러면요? 그러면 어떻게 되는데요?"

"그런 세포는 대부분 죽어. 근데 DNA에서 세포 분열에 관한 부분에 돌연변이가 생긴 세포는 죽지 않고 계속 세포 분열을 해. 마치 고장 난 것처럼 맡은 일은 전혀 하지 않고 계속 분열만 하는 거야. 그러면서 그 수가 빠르게 불어나지. 이게 바로 암세포의 정체란다."

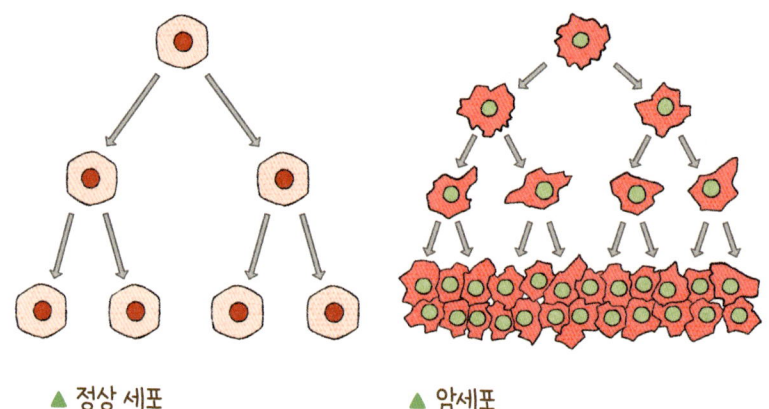

▲ 정상 세포 　　　　▲ 암세포

"헉! 무서워!"

허영심이 나선애의 팔을 부여잡으며 외쳤다. 그러자 나선애가 날카로운 표정으로 물었다.

"세포 분열이 계속 일어나 봤자 세포가 많아질 뿐이잖아요. 근데 왜 암에 걸리면 죽을 수도 있는 거예요?"

"이 암세포들이 불어나면서 정상적인 세포들을 밀어내고 생명 활동을 방해하기 때문이지. 예를 들어 피부의 상피 세포에 암이 생기면 이 암세포들은 몸을 보호하거나

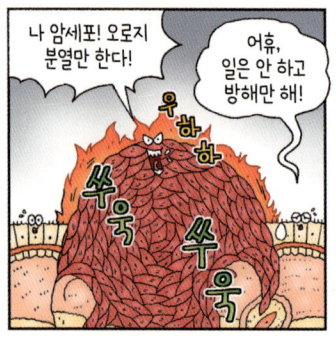

땀을 내거나 하는 정상적인 상피 세포의 기능을 하지 못해. 그런 세포가 정상 세포보다 많아지면 어떻게 되겠니?"

"어……. 피부가 다 망가지겠네요."

"맞아. 피부 조직이 정상적으로 일을 할 수 없어. 몸을 보호할 수도, 땀을 낼 수도 없고 말이야. 그러면 건강에 큰 문제가 생길 거야. 이런 암세포가 몸속의 중요한 기관에 생기면 어떻게 될까?"

"으으, 상상하기도 싫어요!"

"그래서 암이 무서운 질병이란다."

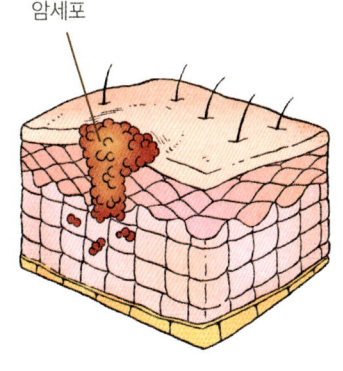
▲ 암세포가 생긴 피부 속 모습

핵심정리

암은 암세포가 불어나서 걸리는 병이야. 암세포는 세포에 돌연변이가 일어나서 정상적인 기능을 하지 못하고 분열만 계속해. 그래서 빠르게 불어나며 정상적인 세포들의 생명 활동을 방해하지.

 ## 암세포를 잡는 몸속 경호원

"근데 놀라운 사실이 뭔지 아니? 사람의 몸에서는 하루에도 수천 개씩 암세포가 생기고 있다는 거야!"

아이들은 눈을 동그랗게 뜨고 서로를 바라보았다.

"그럼 지금 제 몸에서도 암세포가 생기고 있어요?"

"당장 병원에 가야 하는 것 아니에요?"

"하하, 걱정하지 마. 몸속에 생기는 암세포를 찾아서 바로바로 없애 주는 세포들이 있거든."

"그게 어떤 세포인데요?"

"바로 면역 세포야. 혈액 세포 중에 적혈구가 있다고 했지? 적혈구 말고 '백혈구'라는 혈액 세포도 있어. 백혈구가 바로 우리 몸의 면역 세포야. 백혈구는 밖에서 들어온 세균이나 바이러스를 공격하며 우리 몸을 지켜."

"오호, 굉장히 고마운 일을 하는 세포네요."

"백혈구 중에는 암세포처럼 고장 난 세포를 없애는 것들도 있어. 몸속을 돌아다니다가 암세포를 발견하면 없애 버

> **나선애의 과학 사전**
>
> **면역** 면할 면(免) 전염병 역(疫). 몸을 지키는 세포들이 바깥에서 들어온 물질에 맞서 싸우는 것을 말해. 생물의 몸에서 스스로를 지키기 위해 일어나는 현상이지.

▼ 현미경으로 관찰한 백혈구

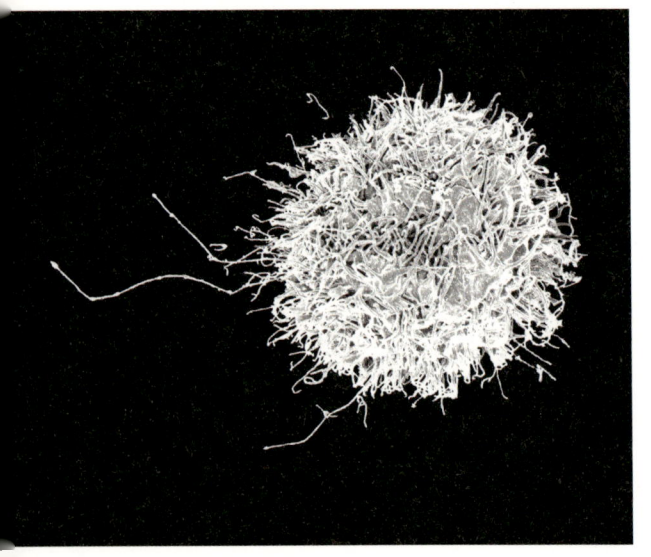

▲ 백혈구는 세균이나 바이러스, 이상이 생긴 세포나 암세포를 없애는 면역 세포야.

리지. 말하자면 백혈구는 우리 몸의 경호원이랄까?"

나선애가 고개를 끄덕이다가 멈칫했다.

"그런 세포가 멀쩡히 있는데 왜 암에 걸려요?"

"면역 세포가 제대로 일할 수 없는 때도 있거든."

"어떤 때요?"

"몸이 피곤하거나 아플 때, 나이가 많아서 몸이 약해질 때에는 면역 세포도 약해져. 그럴 때 암세포가 많아지면 면역 세포들이 다 없애지를 못해. 그러면 살아남은 암세포가 점점 불어나서 암을 일으키지."

"헉! 몸이 약해지면 면역 세포도 같이 약해져서 그 틈을 타고 암세포가 자라는군요?"

"응. 그래서 암에 걸리지 않으려면 항상 몸을 튼튼하게 유지해야 해. 음식도 골고루 먹고 운동도 열심히 하고 말이지. 또, 발암 물질을 되도록 멀리 해야 한단다."

"세포들이 날 위해 이렇게 매일같이 열심히 일하고 있었다니, 저도 세포들을 위해 건강을 잘 지켜야겠어요."

"하하, 좋은 생각이야. 그럼 세포 수업은 이걸로 끝!"

핵심정리

혈액에 있는 백혈구는 몸 밖에서 들어온 세균이나 바이러스에 맞서 싸우는 면역 세포야. 백혈구는 매일같이 생겨나는 암세포를 없애.

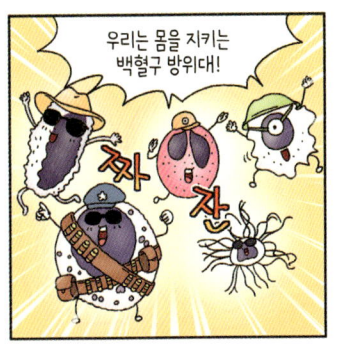

나선애의 정리노트

1. 우리 몸의 세포
① ⓐ _____ : 몸속 세포들에 산소를 운반하는 혈액 세포
② 뼈세포: 새로운 뼈를 만들거나 오래된 뼈를 부숨.
③ 상피 세포: 피부를 이루는 세포로, 몸 바깥쪽을 둘러싸서 보호함.

2. 암세포
① ⓑ _____ 가 생겨 세포 분열이 계속 일어나는 세포
② 세포 분열로 생긴 덩어리가 주변에 있는 정상적인 세포의 기능을 방해해서 ⓒ ___ 을 일으킴.

3. ⓓ _____
① 몸 밖에서 들어온 세균이나 바이러스에 맞서 싸우는 세포로, 백혈구를 가리킴.
② ⓔ _____ 처럼 이상이 생긴 몸속 세포를 찾아 없앰.

암세포 / 백혈구

ⓐ 적혈구 ⓑ 돌연변이 ⓒ 암 ⓓ 면역 세포 ⓔ 암세포

과학퀴즈 달인을 찾아라!

●정답은 115쪽에

01

친구들이 이번 시간에 배운 내용에 대해 이야기하고 있어. 옳으면 O, 옳지 않으면 X를 표시해 줘.

① 적혈구는 뼈를 만드는 세포야. ( )
② 피부는 상피 세포로 이루어져 있어. ( )
③ 암세포는 정상적인 세포가 해야 할 일을 하지 않아. ( )

02

왕수재가 밧줄을 타고 절벽을 건너려고 하고 있어. 밧줄에 적힌 문장 중 면역 세포에 대해 바르게 설명한 것을 따라가면 밧줄이 끊어지지 않고 무사히 건널 수 있어. 왕수재를 도와줘.

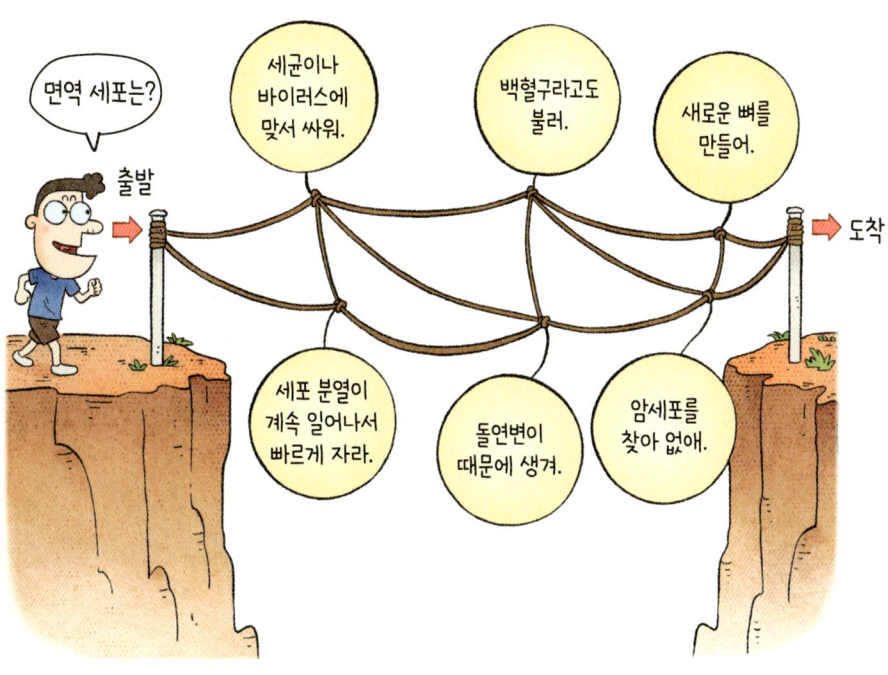

| 용선생의 과학 카페 | 용선생의 한국사 카페 | 용선생의 세계사 카페 |

 https://cafe.naver.com/yongyong

용선생의 과학 카페

과학계의 핵인싸,
용선생의 과학 카페에
오신 걸 환영합니다.

[Log in]

오늘은 어떤 재미난 지식을 올려 볼까?

MENU
물리면 아프다
화학이 화하하
생물 오징어
지구는 둥글다

70년 넘게 살아온 암세포가 있다고?

1951년 미국의 한 병원, 헨리에타 랙스(Henrietta Lacks)라는 여성의 몸에서 떼어 낸 암세포 덩어리가 연구소로 보내졌어. 연구소에서는 여러 종류의 사람 세포를 키우는 실험을 하고 있었지. 그런데 헨리에타의 몸에서 떼어 낸 암세포는 아주 특별했단다.

사람 몸에서 떼어 낸 세포는 영양소를 주고 살기 적절한 조건을 맞춰 주면 어느 정도 살아갈 수 있어. 하지만 몇 번 세포 분열을 하고 나면 죽지. 세포는 분열을 할 수 있는 횟수가 정해져 있거든. 심지어 암세포라도 몸 밖에서는 며칠 가지 못해 죽는단다. 그런데 헨리에타의 암세포는 몸에서 떼어 냈는데도 세포가 살 수 있는 조건을 맞춰 주자 매우 빠르게, 끊임없이 세포 분열을 했어. 심지어 오늘날까지도 분열을 계속하고 있지. 이 세포를 헨리에타 이름의 알파벳을 따서 헬라(HeLa) 세포라고 불러.

▲ 헨리에타 랙스

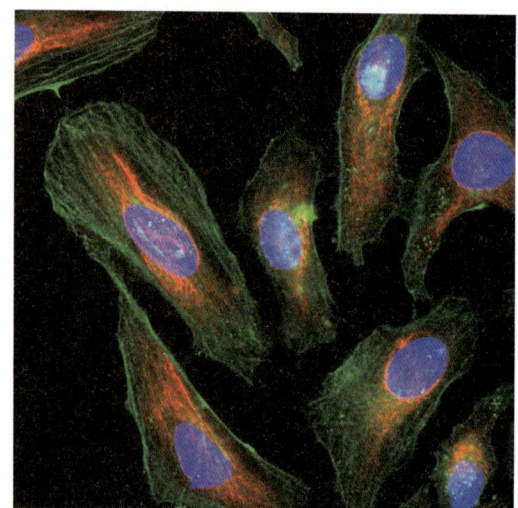

▲ 형광을 띠는 물질로 염색하여 현미경으로 관찰한 헬라 세포

헬라 세포는 실험실에서 계속해서 키울 수 있는 사람 세포 중 최초의 세포야. 지난 수십 년 동안 전 세계의 과학자들은 헬라 세포를 이용해서 수많은 실험을 했어. 사람에게 직접 할 수는 없지만 꼭 필요한 실험들이지. 어떤 실험이냐고? 예를 들면 새로 개발한 의약품이나 화학 물질을 헬라 세포에 넣어서 사람 세포에 어떤 영향을 끼치는지 알아보는 거야. 과학자들은 헬라 세포를 원자 폭탄과 함께 터뜨려 보기도 하고, 우주에서 사람 세포가 어떻게 되는지 알아보기 위해 우주선에 실어 보내기도 했지.

지금까지 분열한 헬라 세포를 다 합치면 500억 킬로그램, 즉 5000만 톤이 넘는단다. 작은 자동차 한 대의 무게가 1톤 정도인데 5000만 톤이라니, 정말 어마어마하지? 헨리에타는 암으로 죽었지만 그 세포는 몸의 수십억 배가 넘게 자라 왔어. 물론 지금도 연구에 쓰이고 있단다!

장하다의 오답을 피하는 방법

나선애의 야무진 실험실

왕수재의 아는 척 과학교실

허영심의 별 헤는 밤

곽두기의 빅뱅 따라잡기

COMMENTS

 나한테서 떼어 낸 세포는 '깍두기' 세포라고 이름 지어야지!

 그럼 난 '장하다 장해' 세포!

 어휴! 징하다, 징해.

가로세로 퀴즈

세포에 관한 가로세로 퀴즈야. 빈칸을 채워 봐.
띄어쓰기는 무시해도 돼.

가로 열쇠

① 에너지를 만드는 세포 소기관
② 식물 세포에서 광합성이 일어나는 세포 소기관
③ 세포를 둘러싸서 보호하는 곳으로, 인지질과 단백질로 이루어져 있음.
④ 밖에서 들어온 세균이나 바이러스에 맞서 싸우는 세포로, 백혈구라고도 부름.
⑤ 우리 몸에는 조직마다 새로운 세포를 만들어 내는 성체 ○○○○가 있음.
⑥ 세포 하나로 이루어진 생물
⑦ 핵 외에 세포 안에 있는 물질을 통틀어서 부르는 말
⑧ 식물 세포에서 물이나 양분, 노폐물을 저장하는 세포 소기관

세로 열쇠

❶ 동물 세포에만 있는 세포 소기관으로는 ○○○와 리소좀이 있음.
❷ 단백질을 만드는 세포 소기관
❸ 돌연변이로 인해 정상적인 기능을 하지 못하면서 세포 분열만 계속하며 빠르게 불어나는 세포
❹ 지구상에서 가장 긴 세포는 대왕고래의 ○○ ○○
❺ 동물의 몸을 이루는 세포
❻ 세포 하나가 나뉘어서 세포 두 개가 되는 과정
❼ 세균, 효모나 식물을 이루는 세포의 세포막 바깥에 있는 두껍고 튼튼한 벽

●정답은 115쪽에

교과서 속으로

> 교과서에서는 어떻게 배울까?

초등 5학년 1학기 과학 | 다양한 생물과 우리 생활

짚신벌레와 세균은 어떤 특징이 있을까?

- **짚신벌레**
  - 맨눈으로는 보기 어렵고 현미경으로 관찰할 수 있다.
  - 주로 물이 고인 곳이나 물살이 느린 곳에서 산다.

- **세균**
  - 매우 작아서 맨눈으로 볼 수 없고, 배율이 높은 현미경을 사용해야 관찰할 수 있다.
  - 우리 주변에 있는 땅이나 물, 다른 생물의 몸, 물체 등에 산다.
  - 공 모양, 막대 모양, 나선 모양 등 생김새로 구분하며, 꼬리가 있는 세균도 있다.

 짚신벌레는 핵이 있고, 세균은 핵이 없어!

초등 6학년 1학기 과학 | 식물의 구조와 기능

세포는 어떻게 생겼을까?

- **세포**
  - 모든 생물은 세포로 이루어져 있다.
  - 세포는 대부분 크기가 매우 작아 맨눈으로 볼 수 없고, 현미경으로 관찰할 수 있다.

- **식물 세포와 동물 세포**
  - 식물 세포: 세포막과 세포벽으로 둘러싸여 있고 안에 핵이 있다.
  - 동물 세포: 세포막과 핵은 있지만 세포벽은 없다.

 동물 세포에는 엽록체도 없다는 사실!

중 2학년 과학 | 동물과 에너지

생물의 구성

- **세포**
  - 생물을 구성하는 구조적·기능적 기본 단위를 말한다.
  - 다세포 생물은 많은 수의 세포가 모여 여러 단계를 거치면서 점점 복잡해지는 구조이다.

- **생물의 구성 단계**
  - 세포 → 조직 → 기관 → 생물체
    - 조직: 모양과 기능이 비슷한 세포가 모인 것
    - 기관: 여러 조직이 모여 특정한 기능을 담당하는 것

 세포가 조직을, 조직이 기관을, 기관이 생물의 몸을 이루지!

중 3학년 과학 | 생식과 유전

세포의 분열

- **세포 분열**
  - 세포 한 개가 두 개로 나뉘는 것을 말한다.
  - 세포가 커지면 세포막을 통해 물질을 교환하기 어려우므로, 세포가 어느 정도 커지면 분열하여 수를 늘린다.

- **세포 분열 과정**
  - 분열하기 전: 유전 물질이 두 배로 늘어난다.
  - 분열 과정: 핵이 사라지고 유전 물질이 쪼개져 양쪽으로 끌려간다. 이후 세포질이 나뉘며 두 개의 핵이 나타나 두 개의 세포가 만들어진다.

 우아! 중학교에서 배울 걸 미리 알아버렸네!

찾아보기

간기 82, 85
광합성 65-66, 74
근육 세포 36, 71-72, 92-93
기관 71-74, 88, 92, 103
노폐물 64, 66, 69, 72-74
다세포 생물 45, 83-84, 90
단백질 32-36, 38-40, 54, 59, 97, 99
단세포 생물 45-47, 49, 52, 55-56, 64, 83-84, 90
대장균 51, 83-84
돌연변이 101-103, 106
동물 세포 34, 63-64, 66, 69-70, 72, 74, 82
레이우엔훅 24-25
리보솜 35-36, 40, 53-56, 63, 74
리소좀 63, 69-70, 74
면역 세포 104-106
미토콘드리아 35-36, 40, 63, 74
바이러스 58-59, 104-106
발암 물질 100-102, 105
배아 줄기세포 92-93
백혈구 104-106
분열기 82, 85
뼈세포 87-88, 98-99, 106
상피 세포 99, 103, 106
산호 62, 64, 66, 69-70, 73
성체 줄기세포 87-90, 92
세균 21, 32, 49-56, 58, 67, 83-84, 104-106

세포 분열 82-84, 86, 88-90, 92, 102, 106, 108
세포 소기관 35-36, 40, 54-56, 63-65, 69, 74, 81, 97
세포막 16-18, 22, 29, 34, 37-40, 47-48, 53-54, 59, 63, 67-69, 74, 79-81
세포벽 47-48, 53, 55-56, 63, 67-70, 74
세포질 16-18, 21-22, 29, 34-37, 40, 47, 53-54, 56, 59, 85
수정 18-19, 92
슈반 25
슐라이덴 25
식물 세포 63-70, 72, 74, 82
신경 세포 19-22, 71-72, 87
알 18-22
암세포 100, 102-106, 108
액포 63-64, 66, 69, 73-74
염색 30-31, 65, 108
엽록체 63, 65-66, 69, 72-74
유산균 50-51
인지질 37-40
적혈구 97-99, 104-106
조직 70-74, 87-90, 92, 99, 103
줄기세포 86-90, 92-93
중심체 63, 69-70, 74
짚신벌레 47-49, 55-56, 64
코르크 14-15, 67
피막 53

피부 세포 15, 19, 21, 30, 71, 86-87, 89, 92
항체 32
핵 16-18, 21-22, 29-35, 37, 40, 47, 52-56, 63, 74, 79, 81-83, 85, 101
혈액 세포 71, 86-87, 89, 97, 104, 106
헤모글로빈 97
헬라 세포 108-109
효모 46-50, 52, 55-56, 64, 67
효소 31-32
현미경 14-17, 21, 24, 30, 34, 36, 46, 50, 65-67, 69-70, 104, 108
훅 13-15, 24, 67
cell 13-15
DNA 31-33, 40, 52-53, 55-56, 101-102

퀴즈 정답

1교시

01 ① O   ② X   ③ O

02
> 〔보기〕
> 우리가 자주 먹는 달걀은 암탉이 자손을 남기기 위해 만든 (세포)야.
> 달걀의 노른자에서 핵을 제외한 나머지 부분은 (세포질)이고,
> 흰자와 속껍질은 두터운 (세포막)이야.

2교시

01 ① O   ② O   ③ X

02
> 〔보기〕
> (세포막)을 이루는 물질은 동그란 머리에 꼬리가 두 개 달린 모양이
> 야. 이 물질을 (인지질)이라고 불러. 머리 부분은 (물)과 잘
> 섞이고 꼬리 부분은 그렇지 않아. 이러한 꼬리 부분이 세포막 안쪽에 모여
> (두 겹의 층)을 만들지.

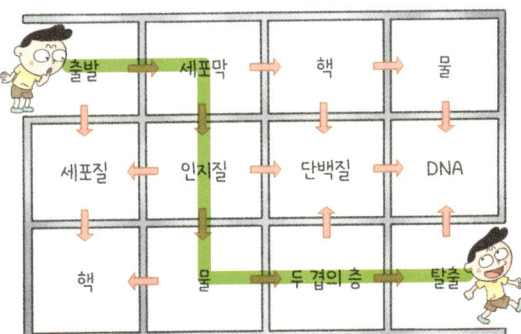

3교시

01　①✕　②○　③○

02
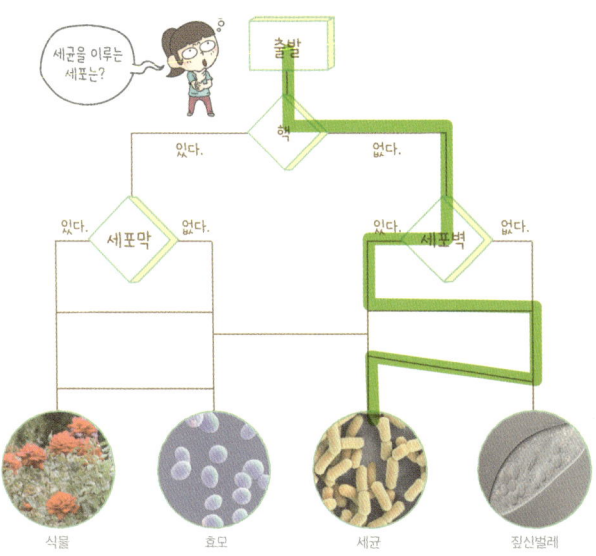

4교시

01　①○　②✕　③✕

02

5교시

01 ① O ② X ③ O

02

<보기>
세포는 (간기)에 크게 자라.
이때 핵 속의 (유전 물질)이 두 배가 되지.
이후 세포가 둘로 쪼개지는데, 이 기간을 (분열기)라고 해.

중	간	기	차	역
미	신	체	주	유
분	배	영	화	전
수	열	전	지	물
대	형	기	구	질

6교시

01 ① X ② O ③ O

02

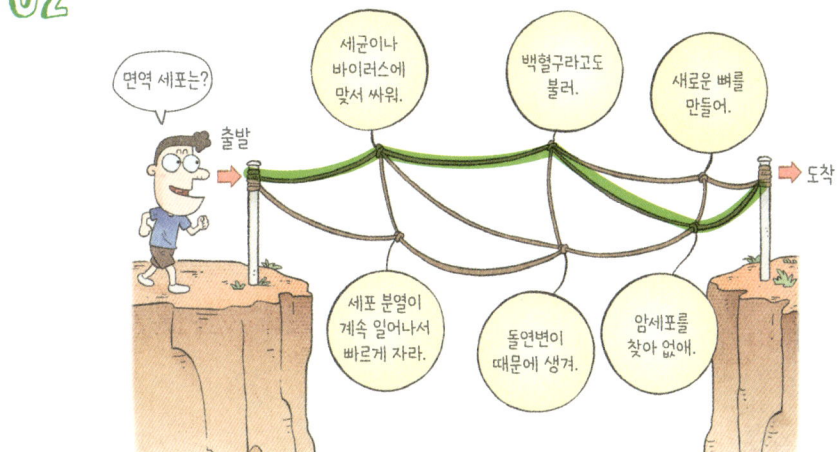

가로세로 퀴즈

		❶중		①미	토	콘	드	❷리	아
		심						보	
❷엽	록	체						솜	
			❸암					❹신	
			③세	포	막			경	
④면	역	세	포					세	
				❺동		⑤줄	기	❻세	포
❻단	❼세	포	생	물				포	
	포			⑦세	포	질		분	
	벽		⑧액	포				열	

일러두기

- 맞춤법과 띄어쓰기는 국립국어원에서 펴낸 《표준국어대사전》을 따랐습니다.
- 과학 용어 표기는 《2015 개정 교육과정에 따른 교과용도서 개발을 위한 편수자료Ⅲ 기초과학, 정보 편》을 따랐습니다.
- 이 책에 실린 사진은 저작권자로부터 사용 허가를 받았습니다. 저작권자와 접촉하기 위해 최선을 다했으나 불가피한 사정으로 사용 허가를 받지 못한 일부 사진에 대해서는 저작권자와 연락이 닿는 대로 게재 허락을 받고 사용료를 지불하겠습니다.
- 이 책에 실린 그림의 저작권은 별도의 표기가 없는 한 사회평론에 있습니다.

사진 제공

14쪽: wellcomeimages.org(wikimedia commons_CC4.0), 퍼블릭도메인 | 24쪽: Jeroen Rouwkema(wikimedia commons_CC3.0), 퍼블릭도메인 | 25쪽: wellcomeimages.org(wikimedia commons_CC4.0), wellcomeimages.org(wikimedia commons_CC4.0) | 34쪽: Science Photo Library | 36쪽: Science Photo Library | 46쪽: Science Photo Library | 50쪽: Science Photo Library | 64쪽: Science Photo Library | 67쪽: Science Photo Library | 82쪽: Science Photo Library | 84쪽: PIXNIO | 88쪽: Robert M. Hunt(wikimedia commons_CC3.0) | 104쪽: NIAID(wikimedia commons_CC2.0) | 108쪽: Science Photo Library, GerryShaw(wikimedia commons_CC3.0) | 그 외: 셔터스톡

용선생의 시끌벅적 과학교실 | 세포

1판 1쇄 발행	2021년 3월 9일
1판 5쇄 발행	2025년 1월 20일

글	설정민, 김형진, 이명화
그림	조현상(매드푸딩스튜디오), 뭉선생, 윤효식
감수	박재근
캐릭터	이우일

어린이사업본부	이승필
책임편집	최미라
편집	정세민, 이명화, 홍지예, 김미화, 최예리, 윤성진
마케팅	윤영채, 정하연, 안은지, 박찬수
경영지원본부	나연희, 주광근, 오민정, 정민희, 김수아, 김승현
아트디렉터	강찬규
디자인	디자인서가
사진	포토마토

펴낸이	윤철호
펴낸곳	(주)사회평론
전화	02-326-1182
팩스	02-326-1626
주소	03993 서울시 마포구 월드컵북로6길 56 사평빌딩
출판등록	1993년 10월 6일 제 10-876호

ⓒ 사회평론, 2021

ISBN 979-11-6273-154-3 73400

- 이 책 내용의 일부나 전부를 다시 사용하려면 저작권자와 사회평론의 동의를 받아야 합니다.
- 잘못 만들어진 책은 바꾸어 드립니다.

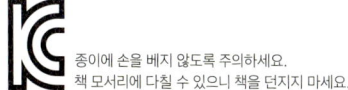

종이에 손을 베지 않도록 주의하세요.
책 모서리에 다칠 수 있으니 책을 던지지 마세요.